最好的成绩

是让孩子爱上学习

彭菊仙◎著

北京时代华文书局

图书在版编目（CIP）数据

最好的成绩，是让孩子爱上学习 / 彭菊仙著 . -- 北京 : 北京时代华文书局，2019.9
ISBN 978-7-5699-3103-7

Ⅰ . ①最… Ⅱ . ①彭… Ⅲ . ①家庭教育 Ⅳ . ① G78

中国版本图书馆 CIP 数据核字 (2019) 第 138421 号
北京市著作权合同登记号　字：01-2017-9156

© 彭菊仙

最好的成绩，是让孩子爱上学习

ZUIHAO DE CHENGJI SHI RANG HAIZI AI SHANG XUEXI

著　　者｜彭菊仙

出 版 人｜王训海
选题策划｜樊艳清
责任编辑｜樊艳清
装帧设计｜李尘工作室　赵芝英
责任印制｜刘　银

出版发行｜北京时代华文书局 http://www.bjsdsj.com.cn
　　　　　北京市东城区安定门外大街 138 号皇城国际大厦 A 座 8 楼
　　　　　邮编：100011　电话：010-64267955　64267677
印　　刷｜三河市兴博印务有限公司　　0316-5166530
　　　　　（如发现印装质量问题，请与印刷厂联系调换）

开　　本｜710mm×1000mm　1/16　印　张｜13　字　数｜150 千字
版　　次｜2019 年 9 月第 1 版　　印　次｜2019 年 9 月第 1 次印刷
书　　号｜ISBN 978-7-5699-3103-7
定　　价｜39.80 元

目录
CONTENTS

第一章　成绩到底多重要？

第二章 认真，是一种基本的人生态度

第四章　**虽然无法翻转教育体制，孩子也能乐在学习**

第五章　预先储备坚实的学习力

当我们用更宽阔的视野来看分数

宜兰大学博雅教育中心主任　陈复

很高兴在新书出版前，就已有机会拜读亲子畅销作家彭菊仙女士撰写的《最好的成绩，是让孩子爱上学习》。这本书充满着辩证性的思维，从正反两个角度来讨论分数对于孩子学习的意义。

书中认为"在乎成绩"并不能跟"不快乐的童年"画上等号，"不喜欢读书"同样不能跟"不需要努力"画上等号，她觉得常见的"分数至上"或"分数无用"两种论点都是极端思维，因为我们其实根本无法摆脱考试制度。多数家长对于成绩有着传统的观念与迷思，与其让分数破坏亲子感情，不如务实面对这个事实，引导孩子看见自己真正的兴趣，将精神对准正确的方向，体认分数的真正意义，展开适性的学习旅程。

我常觉得，各种不同阶层的系统，要就拔擢合适的人才展开合作，就不可能没有考试制度。然而，不同形态的考试制度会拔擢出不同形态的人才，讨论"分数至上"或"分数无用"前，如果能优先讨论到底什么形态的考试制度，更能帮助我们看见与发掘孩子更多元的潜能，或许对于"分数"这件事情会有跳开二元对立的思维。

现在的大学入学制度已有多元入学方案，繁星推荐（由高中学校向大学推荐优秀的学生）*、个人申请与特殊选才的管道都已经挣脱只看纸笔测验成绩的传统，真正相对应于往日大学联考（类似大陆地区的高考）形态的指考其名额正不断缩减，我们面对"分数"这件事情，岂能继续保持相同的保守思维，督促孩子只要熟悉纸笔测验，就能获得优异的成绩？

我平日教书，期末自然要打成绩。然而，尽管我开设的"宜兰历史踏查""成为完整的人"或"王阳明带你打土匪"这些课程的类型各异，我都会采取多元形态来考核同学的学习成效。诸如到某个历史景点探查并制作纪录片或微电影，或借由团体实际行动来展开对社会某个角落的关怀，或在磨课师学习平台上探讨具体生命议题并提交研究报告，这些课程的期末成绩都会有"分数"，然而因为考核的形态不一样，就会激发同学不同层面的潜能。这并不是只有在大学能如此，现在全台湾如雨后春笋般设立的实验教育团体、机构或学校，都更愿意采取这类体验教育的办法来教学与评量，"分数"对于孩子的意义，自然变得不一样。

现行的教育形式从来都不是一成不变的铁板。我认识很多学校的校长，都正在其校内采取各种翻转教学来调整教育的轴线。因此，家长如果还使用

---

　　* 为了使读者更好地理解本书内容，编者特意在附录部分对一些标*的词语，进行了简单的解释，加深对相关背景知识的了解。

自己过去三十年来受教育的经验来面对孩子的教育，那不只会耽误孩子的人生，更会对教育产生错误的印象，误认为只有把孩子送到私立学校去，才能保证自己的孩子继续获得如同自己曾经拥有的教育质量。然而，时空背景已经发生剧烈变化，现在世界各国的主流教育主事者都已经觉得不能再拘泥现代主义的工具思维，继续拿纸笔测验的单一量化指标来衡量学生的表现是否认真，我们这些关注孩子前景的家长，岂能继续置身事外，抱着极其简化的思维来帮孩子诊断未来？

彭女士在书中表示，她相信绝大多数的父母在心底深处都重视成绩，或有完全不看重者，但绝对是少数。为什么总是有人口口声声地说"分数不重要"呢？站在新教育理念浪头上的教育先锋们，真的完全不在乎自家孩子的成绩表现吗？

我有两个女儿正在念初中与小学，当我把这个问题拿来审问自己，我会坦白说我同样不可能不在意自己孩子的成绩表现，但我更在意自己的孩子是否能成为"真正意义的精英"，这种精英已经不再是只会考试、但却不懂得做事的人，而是具有整合已知、开发未知，并能借由实操来验证所学的新青年。我个人觉得当前教育改革引发的争议，已不是"精英"与"反精英"的对立，而是对何谓"精英"的标准讨论。

我的大女儿从传统教育体系念到新型的教育体系，在非学校形态实验教育里经历过个人自学与团体共学，再回到学校形态实验教育，从公办公营到公办民营的实验教育，无不乐在其中。她深受不同阶段老师的恩泽，从来不会只批评教育体制的缺点，更没有放大体制外教育的优点，她只是有机会做自己的主人，在不同阶段选择自己想要经历的教育。

我不晓得多数家长是否能放得开或想得开，让自己孩子悠游于各种不同的教育形态，但我相信家长如果自己没有辩证性的思维，从不同角度来探讨教育的真正意义，并了解孩子才是自己生命的主体，却只是常活在自己想象的恐慌中来面对教育，这并不会有益于孩子的身心成长。

这本书不只能让我们看见彭菊仙女士作为三个男孩的母亲，如何面对孩子课业成绩与教育制度的问题，更能让我们看见彭女士对自己学习历程的全面检视，尤其当她诉说自己念北一女时刻骨铭心的经验，到后来选择就读政大新闻系的奇幻历程，以及直到从海外学成归国后，才发现以创意为导向的电视节目制作路线才是自己真正的兴趣。作者的这些经历都能让我们感同身受认识到，发现自己的潜能真是一趟不简单的旅程。

彭女士长年深耕亲子议题，不论是借由媒体文章的发布，或是在演讲活动中与家长的交流互动，都流露着丰富的经验与独到的见解，我相信这本书将能帮助家长采取更宽阔的视野来思考孩子学习这件事，因此向大家热情推荐这本书。

教育需要智慧与勇气
——我看菊仙新书有感

亲职教养、绘本作家 张美兰（小熊妈）

首先，看完这本书，不得不感佩菊仙总有勇气说出许多一般人不敢说的话。比如说，我也很羡慕海外移民，但是又没那个环境；很羡慕唐凤在家自学有成，但也没那个时间带孩子自学。菊仙说得好：对于离不开"火车"的凡夫俗子，我们是真的得具备另一种"愚勇"以生存下去，这不是指凡事逆来顺受，而是一面在观望现况中推动教改，一面务实地在现实中投入适当的力道与心血来挣得教育资源。

说真的，我也是那个愚勇的母亲，放弃了在美国让孩子接受资优教育的机会，回到台湾恐怖的升学主义体制，很多人都觉得：这是牺牲了孩子，这是没有为孩子用心的母亲。

可是，我的想法与菊仙接近：我总觉得，台湾的基础教育，某方面是很扎实的。除了初三那年真的很拼之外，我的孩子在台湾念书，也学了很多东西，也有很开心的日子。

有朋友送孩子去欧美念书，却嫌当地孩子学的数学太简单，于是每年回台湾陶侃搬砖似的运许多数理化参考书到海外，要孩子努力学习！这不是互相矛盾吗？其实我也观察过美国硅谷华人的孩子，课业压力并不比台湾小，反而更重！因为他们要与全世界的精英竞争！据说当地亚裔高中生自杀率也很高，但许多台湾父母还是希望送孩子去那里，总觉得：外国的月亮比较圆、美国的学位比较好拿！其实，有时候失败者的黑暗面，是没有被报道出来。

菊仙在书中提到：孩子升上初中后，父母会出现两种极端的典型，一种是把教育视作追分过程的"分数至上论"；另一种则是把"考试"视作折磨孩子的苦刑，是孩子快乐成长的绊脚石，因此抱持"分数无用论"。

在我家长子小熊的同学中，的确看到不少案例。小学还好，初中以后，不是放牛吃青草，就是补习赶场赶到不行！

很幸运地，小熊哥初中会考成绩不错（满级分），没想到马上就有许多焦虑的家长来问我：

"小熊从几岁开始补习？"

"小熊哥念哪一所私立学校？"

"小熊哥去哪一所补习班？"

让我心疼的是，有家长的小孩子根本还没有上小学！才四五岁而已，但家长已经对整个教育体制，焦虑得如热锅上的蚂蚁！

在此，我推荐家长都要来看看菊仙的这本书，她的孩子总是有自己的目标、自己的看法，社团成绩都很棒！尤其是她的孩子在巨大的考试压力下，仍能找到自己的方向，不是变成考试的机器人！我相信，有自己想法的孩子，一定有一个很有想法的好母亲！

的确，在台湾，谁都不能轻松地说：成绩不重要！但是，一定要孩子了解菊仙说的一句核心价值：

认真，是一种基本的人生态度！

如何在成绩与真实学习中找到一个平衡点，是每个父母与孩子都要面对的问题，尤其是孩子升上初中以后，这是个烫手的问题，但未必就一定要丧失学习的乐趣。

我们不想把孩子送去当小留学生、不能海外移民，但不表示不能让孩子度过开心又有意义的学生时代！而这本书，相信会给现代父母一个明灯与指引。

推荐序

与"考试分数"和平共处的教养学

专栏作家、现任脸书《妈妈悦读基地研修长》丘美珍

身为父母，自从孩子出生以后，我们向来是以孩子的快乐为快乐，以孩子的忧伤为忧伤。直到孩子进入小学，开始十二年的义务教育之后，情况开始变得有点复杂。

孩子进小学，第一次月考之后，他会拿到分数，有一份自己的成绩单，他进入学校的量化排序系统之中。如此一来，他回到家里，亲子之间就免不了关于"分数"的讨论。身为三个孩子母亲的我，从此不断在心里进行关于分数的自我辩论，我想其他的父母应该也跟我一样，无法置身事外。

在脸书上，有一个名为《小一联盟》的社团，在创社之初就聚集了一群孩子刚上小学一年级的家长们，在这里分享关于学校、老师、作业、考试、才艺的种种消息。这里的问答都很热络，几年下来，竟然累积了超过11万的社员。其中，关于分数的发文，往往能激发其下数十层楼的对话，可见家长们对于这个关键词有多么焦虑。

　　家长们的意见，就像台湾的现况，十分多元。一方面，有人主张孩子只要快乐就好，不用在意成绩高低。另一方面，也有家长会把孩子错题的考卷传上来，求证是否该向老师讨回失分。

　　我想菊仙一定感受到了家长的焦虑。她这本新作《最好的成绩，是让孩子爱上学习》，就以多元的角度探讨"分数与教养"这个复杂的命题。

　　孩子在学校考试的分数重要吗？

　　有的父母认为，高分是通往低风险、高成就人生的快捷方式，所以，一直以来，高分、名校、人生胜利组是一种安全思维。即使到了今天，家里若有孩子可以进入台大、哈佛，仍然会是一件让家人开心的事。这些家长觉得，如果孩子有能力在小学、初中回家递上考了一百分的考卷，这代表未来他们有机会在竞争中脱颖而出，如此一来，就能赢得进入赢者圈的门票。

　　但是，也有另一群父母认为，公立学校的填鸭式教育不可取，孩子的天赋在其中只会受到压抑，所以，在这样一个不正确的教育环境中建立的评量系统，应该被批判、舍弃，甚至在每次考试前，爸妈就会再次耳提面命，跟孩子说一次："分数不重要！"

　　还有一些父母，选择"教育出走"，将孩子送入岛内的实验教育学校，或送到海外，以便争取他们心中理想的教育资源。出走必有好理由，所以，当这些家长为文侃侃而谈自己的出走经验时，不免又让在地留守的父母心中掀起一阵波澜，深恐自己的"没有出走"耽误了孩子的前程。

　　菊仙是三个孩子的母亲，因为家庭的种种考虑，她就像大部分的台湾父母，必须让孩子进入学区内的公立小学、初中就读。因此，她听到每天发生在教育现场最多元、最真实的声音，也能体会大家心里的惶恐和焦虑。

既然决定留在公立学区，而这些学校最令人诟病的是"分数主义"，那么，菊仙就决定来谈谈分数这件事。

我很喜欢菊仙提出来的以下见解。

一、你的孩子可能是天才，也可能是"地才"

天才常常需要冲撞现有的教育体制，才能进入舒适带。但是，现在学校的氛围，渐渐趋于人性，不若以前森严，再加上有些第一线的老师勇于尝试创新的教学方式，对大部分的孩子来说，也许现有的学校教育，还没到完全无法忍耐的地步，他们所需要的不是逃离，而是有策略地调整和适应。

在这样的思维之下，菊仙带着小学、初中、高中的三个孩子，试图在学校教育与家庭教育之间求取平衡。亲子双方一起学习如何在公立学校里面对分数的竞争，又如何在回家的时光中，规划不被压抑的自主学习时段。在这样有心的努力之下，如果孩子能适应学校的生态，又能保有自我的特质和天赋，这无疑是亲子双赢的结果。

菊仙谦称自己的孩子不是天才，而是"地才"（也就是好好培养就可以变成人才）。所以，这种教育思维，我们就姑且称之为"地才教养学"吧！这不是华丽的教养字汇，却是惊人的务实，而且可行。

二、分数高、名列前茅，不代表一定热爱学习

许多成绩好的孩子，往往让人觉得他一定热爱学习，其实不一定。初中强调的是通识教育，所以，学校要求每科都要好，才能名列前茅。但是，一个人真的能对所有的学科领域都有兴趣吗？未必。所以，成绩好的孩子，通常都

将学习视为自己现阶段的责任，而不一定是对这些学科全都富有兴趣。

这些认真的孩子，因为责任、因为压力而学习，也的确能达到学校设定的标准。但是，如果爸爸妈妈们发现，他们在闲暇时间，绝对不碰这些领域的课外书，也就可以因此了解，他们还没有陷入因为好奇心而启动的学习狂热之中，而这就是爸妈下一阶段的识才功课了。

三、不爱读书，不代表不需要努力

对于不爱念书的孩子，现在社会的氛围比起以前，相对来说，是宽容的。但是，就我自己工作多年的观察，不爱念书的孩子，如果要走出一条属于自己的路，又缺乏学历的光环加持，他们通常要比一般人更努力，来证明自己的实力，所以无论是谁的人生都不轻松。

也就是说，只要是在各行各业杰出的人，不论在学校分数高低，他们在人生中都一样努力，没有快捷方式。知名演员、导演周星驰曾经回忆自己的历程时说："我要非常非常努力，才会有一点点的成功。"所以，对父母来说，可以接受孩子不爱念书，但是，一旦孩子找到自己喜欢的领域，也要提醒他们努力的重要性。

菊仙在这本书中，将现今学校中的分数主义做了详细的检验，并且对亲子双方提出"与分数和平共处"的方法，我相信读者跟我一样，必定能够从中获得许多启发和提醒。在第一线的教养现场，一路走来，我衷心感谢菊仙总能以文字相伴，为我们带来知识疗愈的力量。

作者序

从残酷的分数谈起，但光谈分数显然不够

随着孩子日渐长大，我觉得亲子书写得差不多了，常常扪心自问，我是否依然真诚书写？我还要继续写亲子议题吗？

看着孩子从自由探索、快乐天真的小学，进入课业繁重、竞争压力激烈的中学，我真心觉得还欠了读者一个主题，我需要给读者们交代，于是继续在亲子书上做我认为必要的耕耘。

到底是什么主题呢？

初中会考*才考完，孩子便回来转述，班上有一位非常用功但却没有补习的孩子突然在午休时痛哭流涕，因为她才对了一两科的答案，就发现情势不太妙。小学毕业时曾拿到校长奖、对自己的课业一直抱着一定期许的她，难掩心中的不平，悔恨地叹道："难道我不补习错了吗？"

她的叹息也曾经是我和孩子们的疑惑，一路陪着三个小子摸索，我的回答是："不补习当然没有错，但是若能清楚自己的弱项与需要，务实地寻求资源、善用资源，让自己生存得更好、留下更少的遗憾，或许更接近正确！"

因为：

口口声声强调的"免试"根本不存在！每一个初中生都要面对"会考"；而且在多数区域，"会考成绩"就是升学评比的关键；而升大学的"考试制度"也从未消失过，没人能躲过学测*（台湾大学学科测验的简称）、统测（在一定地区用统一的试题进行考试）的无情评判。

更因为：

考坏了，孩子自己绝对不会没有感觉，因为最终得靠着分数来填写志愿的孩子会发现，"分数不重要"是一句美丽的谎言。

难道，写了这么多本亲子书的我要来个大转弯，鼓吹大家走回"为分数学习"的复辟老路？

当然不！

在大考迫近的那段日子，我日日看着儿子伏在案前苦读，一日甚于一日，随着时钟上的指针不断挪移，做妈妈的我愈加心疼与不舍。有一日，指针竟来到了午夜十二点四十分，我终于忍无可忍，从心疼转成了生气，立即上前强制关灯，没想到儿子怒吼："我就是还没复习完啊，不然你要来帮我念吗？"

顿时，空气凝结，时空错置，我似乎回到了三十多年前，一样悄然的夜晚、斗室里一样满满的焦虑、一样堆砌如山的参考书与笔记，我把来强制关台灯的妈妈的手用力推开！

没错，从过去"拒绝联考的小子"到现在崎岖难行的"教改之路"，即便大家前仆后继地骂了几十年、考试的名称换了又换、成绩的计算稀奇古怪，升学主义仍陷在借尸还魂的轮回里。

你要问我，难道未来真没有翻转的可能？我只能说，只要考试制度存在，无论怎么设计，种种为分数竞争的现象就不可能消失。未来，谁能保证孩子的孩子不再是伏在案前的苦主？

作为普通人既没有资源远走高飞，也没有条件做其他选择，一张开眼睛，孩子们就得面对扑面而来的大考小考。升学压力既然是不变的存在，那么不断地在"怨念循环"里谩骂，最终也只会化为三声无奈，然后呢？

于是我告诉孩子们，妈妈不想陪着你们爽骂制度，因为没有意义，妈妈要做的是比你们先勇敢起来，陪着你们务实地面对考试的种种残酷的磨炼；在升学的重压之下，另一种极端的声音——"分数不能决定一切""读书不能保证成功"等，不断勾起我们对于"成功"的另一种想象，但是我希望孩子们能反思更实际的问题："分数可以决定什么？""不读书又该如何保证成功？"

前几天因朋友推荐而到一家烤肉饭馆，在35摄氏度的高温下，两个帅气有型的年轻人挥汗如雨，不断在炭烤箱上夹肉、涂酱、翻肉，一下子盛饭装菜，一下子收钱送餐，手忙脚乱，如豆大汗珠不断滑落。我于是好奇地询问两位年轻老板是不是主修餐饮，他们回答不是，只是因为年少不爱读书，到处打工，所以学会了这套烤肉饭技术，但因为打零工赚不了钱，就试着自己开店。年轻帅哥自我调侃："就是以前不爱读书嘛，所以现在这么辛苦，我们也只能更加倍地努力喽！"

是的，天下没有白吃的午餐，想要杀出自己的一条生路，就如同年轻老板的现身说法：可以不读书，但是不能不学习、不能不努力，而且得更加倍的学习与努力！因此，我不打算鼓励孩子不想读书就不要读书，而是认清自己学生的本分，尽自己的所能，认真学习，务实地面对考验，在自己的能力范围内装备好自己。

而我家小子和大部分的孩子一般，都属"一分耕耘，才有一分收获，甚至有时根本没有收获"的"地才型"，但一路走来，我终于清楚，再优秀的孩子都有极限，孩子不可能科科得心应手、次次考试顺心如意，因此和孩子一起学会正确看待分数的意义，与分数和平相处，我认为是在现行教育体制下适切生存的第一步。

要孩子把试考好没什么不对，但逼着孩子一路冲高分很可能变成爸妈唯一会做的事情，然而，要让孩子能保持恒常的自信、从容面对竞争，更得不断帮助他们摸索自己、了解自己、看到分数背后真正的自己，懂得善用自己，因为，"拼高分、进名校"不是学习的终点，而是要能成为一个被善用且好用的人！因此，我告诉孩子，考得好无须自大，考不好更无须自卑，真正的本事，不是以自己的学校为荣，而是学校的未来能以你为荣！

走笔至此，相信读者已经理解这本书绝非要鼓吹大家走回封建老路，而是在"考试的老路始终没有真正出路"的现实中——

我想为辛苦陪伴孩子的父母们加油打气，

我想为经常因孩子成绩而焦虑的爸妈们减压，

我想为父母找到激励孩子用功读书的具体方法，

我想为书读不好、试考不好的孩子及其父母找到安身立命之道，我更想和爸妈们一起以正确的心态，务实面对孩子在求学中遇到的种种问题：

孩子考试考坏了怎么办？要不要补习？该补多少习？该不该读私立学校？要不要陪孩子读书？要陪到几岁？孩子该怎么面对考试？该考几分？该不该发奖金？该不该公开成绩单？该如何激励孩子发愤用功……

在一片翻转教育、改革教育的声浪中，这些问题似乎八股又不讨喜，愈讨论愈觉得教改黯淡无光，但是有孩子的父母都非常清楚，以上都是他们最迫切想厘清的首要难题。我在陆续陪伴孩子走过升学之路后，更确定这些主题非写不可，不写就亏欠了一路支持的读者。

此外，在面对史上变动最剧烈的教改——108课纲，光谈分数显然不够！这本书虽从分数谈起，但若最后没把爸妈们的视野带到分数之外，我仍然亏欠读者朋友们！

让我们拿出勇气，先从残酷的分数现实谈起吧！

第一章

成绩到底多重要？

第一节　不必"只在乎成绩"，但"分数不可能不重要"

成绩考核，目前仍是评选人才的最大公约数。不论父母或孩子，成绩都成为是否能顺利进入下一个阶段的考核依据。

这代表着，成绩是全世界目前公认的"能力强"的重要指标之一。

咱家小子之一的班上有个超级学霸，不论语英文数史地自然，甚至音乐美术、体育，横着考、竖着考，样样都很棒。动静皆宜、文武双全，万中选一，不只是人中之龙，堪称"龙中之龙"。

在孩子单纯的胜负优劣观念中，他神人级的课业表现象征着各方面必定零缺点，他的每一句话都不容怀疑，每一个举动也无可挑剔，他是永远的政治正确者，所有同学羡慕他、崇拜他、服膺他，众星捧月般捧着他，他的爸妈当然也走路有风。

同学都很好奇他是怎么办到的。"我每天都非常用功，极度用功。我要求自己考到100分，做到最好！"这个孩子回答。

家长们也纷纷向他的妈妈求教。

"我当然要求孩子一定要很努力，充分发挥自己的实力。告诉各位，说'分数不重要'的人，绝对是骗人的。天底下没有父母不重视分数！"学霸妈妈非常坦率。

当下，我的脑袋"叮咚"一声，马上扪心自问："那我自己重不重视孩子的成绩呢？"

是，没错，即使始终坚守着"给孩子自由探索的时间与空间"、坚信"自由、愉悦而完整的'自我学习历程'，才是奠定'终身学习'的真正基石"，但是我必须坦承：我确实一样重视孩子的学习成绩。

1."我才不在意孩子的成绩！"是真的吗？

我陆续问了十个好朋友，没有半个人能潇洒地说："对！我完全不在乎孩子的成绩！"

"孩子考坏了，我当下会很沮丧，之后会冷静下来，找出问题所在！"

"孩子考得好，真的会觉得比较不担心他们的未来啊！"

"会要求孩子要有一定的学习表现，有奖赏也有惩罚！"

"虽不是极度重视，但也重视个七八成吧！"

……

随口做个小调查，已足以让我相信绝大多数的父母在心底深处都重视成绩；或许有完全不看重者，但绝对是少数。

那为什么总是有人口口声声地说"分数不重要"呢?

站在新教育理念浪头上的教育先锋们，也真的完全不在乎自家孩子的成绩表现吗?

为什么网络社群上每当有妈咪诉苦说自家孩子考试成绩差时，总有父母会跳出来献上诸如此类的安慰剂呢?

"成绩不重要啦，品格才重要!"

"成绩不重要啦，孩子快乐才重要!"

"成绩好，将来也不见得能赚钱啊!"

"书读不好，但有成就的人还是大有人在!"

"这世上能成功的人未必都会念书啊!"

"念到博士还不是有人去卖鸡排!"

……

既然大多数的父母都重视孩子的成绩，我相信这些话语充其量只是"瞬间的镇静剂"，作用在于短暂止痛、抑制住父母当下的混乱和焦躁，但往往第二天太阳一升起，父母的内心必再度翻搅难安。

这些看似立论正确的麻醉剂非常好用，会让人有药到病除的错觉，但喧腾一时之后，父母没有例外地，又会跌坐愁城。

于是，孩子考坏→父母焦虑→短暂止痛，成了无止境的循环。

2.被分数评比的现实与痛苦

为什么这一句句看似逻辑无误的话语无法根治父母的焦虑？难道只因为孩子考差，父母自己觉得丢脸难看吗？

成绩到底重不重要？看看孩子在进入每一个阶段所需要面对的考核标准，就会知道大家都不可能真的逃开分数的捆绑。

很不幸的，不论孩子走到哪一个阶段、进入哪一个领域，而且不论在东方或西方，评选人才最基本与最通用的标准，就是走不出"成绩"的俗套。

想进入声望好的私立学校，需要笔试；

十二年国民教育虽强调"免试入学"，但讽刺的是，"会考成绩"却是评比的关键；

每个高中生，没有例外地，毕业半年前就得面临所有科目的"基本学力测验"，并作为申请大学的最大依据；

想选择技职路线，打算继续升学的都得面临"统测"的筛选；

即使想逃避体制的枷锁，申请海外大学也必须亮出在校成绩的GPA，要提供中英文成绩单，有些学校甚至要你亮出在校排名或指定科目的PR；

美国的大学几乎都不招收核心科目拿到D的学生。

有评比，就会有高下；有高下就会有暂时的赢家与输家。有输家就一定会产生负面的情绪：伤心、焦虑、担忧、害怕。

这些情绪需要抚平，但不代表从此就能认为成绩不再重要，更不代表忽略了成绩，焦虑就从此消失。

相反地，正因为它是所有父母和孩子在求学阶段焦虑感的最大来源，而且难以根除，我们更有必要直指自己的内心，更有必要务实地面对它，找出看待它的最好角度与最适当的距离，摸索出在在现行教育体制下最适合的生存法则。

3.不必矫枉过正，也无须自欺欺人

从我一开始所提及的"人人眼中无不是"的学霸，到父母声声"无法不在乎成绩"的呼求，再到每一句逻辑简单、但又似乎正确的安慰话语，每一个层面都包含着关乎"成绩"的诸多迷思。虽然父母孩子们不必"在乎成绩"过了头到"只在乎成绩"，但是请想想以下的问题：

"在乎成绩"一定是"不快乐的童年"吗？

"不在乎成绩"一定能保证"快乐的童年"吗？

"不喜欢读书"就代表"不需要努力"吗？

"成绩优不一定会成功"，所以就"无须努力学习与准备考试"吗？

唯有厘清这些迷思，才能真正帮助父母成为"不迷惘的当局者"，在不完美的教育体制下，找到"局部小完美"的平衡法则与生存之道。

有"比分数更重要的事"，并不代表"分数就不重要"

身为父母者，当然不必采取如虎妈般急功近利的"中国式教育"：永远不允许失败，要千方百计追求成功，并维持成功。

但"不该将宝贵的青春耗费在无意义的应付考试之上"的这种说法，也没有任何说服力。这就好比怂恿一个背负养家糊口重担的业务员，要他别把老板的业绩要求放在眼里是一样的道理。这样做不仅无法纾解父母的压力，反而更让他们为自己"共犯结构"的角色感到罪恶深重。

在这强调教改、多元发展入学的时代，"追求成绩"反倒成为"反时尚""反潮流"的过时行径，"分数"似乎已成为扭曲学习的妖魔化身。但"成绩"明明在人才评比条件中仍保持着屹立不倒的指标地位，所以根本鲜少人能真正相信"分数不再重要"。

"时代的声浪"与"无情的分数评比"之间的矛盾，使得父母内心的冲突更加激烈难解，然而在踏进分数之外的舒适圈后，"分数评比"并不会神奇地消失。其实，父母最需要的是，一路陪伴着孩子，让他们拿出勇气，不卑不亢地用适合自己的力道在考试中披荆斩棘，开创自己的路径，进而创造属于自己的独特风景。

第二节 现行教育体制下的求生之道

在台湾，有可能做出"分数以外"的选择吗？

除了要考虑家庭因素、经济状况，以及孩子的资质与意愿外，

即使真能脱离"当下"的学习环境，

又是否能摆脱考试的人才筛选机制？

朋友们看着我家三小子在小学时一路尽情地探索：自学魔术、写小说、自拍电影、疯狂投入手作、不时到荒野探索生态蛙类动物，非常好奇我对三小子初中求学的安排，更有妈妈一想到孩子即将面临初中巨大的升学压力，便惴惴难安，于是征询我的意见：

"我有考虑转到海外的学校，你觉得呢？"

"附近两三所初中，有的课业逼得紧、有的松，你觉得要选择哪一所比较好？"

有教育程度颇高的妈妈更长期搜集了"在家自学"的资料，决定投资自

己，以成就孩子。

对于这些问题，我的回答，正如同我在作家陈安仪《分数之外的选择》一书中的推荐序里所言："我没有如安仪的条件，为了孩子的教育选择移民，所以我非常羡慕安仪；然而，我更佩服安仪，因为即使我有这样的条件，我和我的孩子、家人也未必具备这样的勇气！"

1.移民也无法摆脱考试制度

是的，我没有这个条件。

首先，先生的公司就在台北，这份工作不仅能让他发挥专业技术，更是支撑我们一家五口的经济主力，我们无法失去这份收入；第二，我的娘家也在台北，目前失智的老妈无法长时间离开她的女儿；第三，我的孩子在这个生活圈已久，他们喜爱这里，四处都有玩伴知己，天天能和谐稳定地过日子，即使我有魄力想要移民，但我完全说服不了我的孩子与先生。

大儿子说："我要和同学读一样的学校，我不想离开他们！"

二儿子说："我觉得自己读得了，就辛苦一点吧！"

三儿子更乐观："在台湾读书就一定那么悲惨吗？标准别那么高就好了嘛！"

除此之外，我必须坦承，以下的现实更是重点：即使能脱离当下的学习环境，但也无法摆脱人才筛选机制——考试。孩子最终还是得通过无情的考试，以争取自己想要获得的教育资源。

这是我家的状况。

我反问朋友："你们的处境如何？有本钱'移民'吗？你们的工作形态真能够配合吗？孩子和先生自己的意愿呢？"

多数的朋友几乎都没有条件，不出所料，最后还是得选择留在台湾就学。

2.你家的孩子会是"唐凤第二"？

再来谈谈"在家自学"方案。

2016年以最年轻之姿当上"政务委员"的唐凤是一例。十四岁时，唐凤便在父母的全力支持下开始在家自学，母亲李雅卿甚至为了他，挺身创办"种籽学苑"，坚持给予唐凤"自主学习权"。

中波混血的美少女陈明秀，曾赢得亚洲滑冰冠军，176厘米的她，高挑亮丽，不仅拥有滑雪教练执照，还曾自制微电影，入围儿童影展，多才多艺的她，也是从小实行"在家教育"。

看到这些亮眼的个案，真让我怦然心动。然而，我要问的是："我们真的有能力实行'在家教育'吗？"

这两个成功案例的背后不能忽略的，就是集心力、物力、财力，全然投入孩子教育的"高知识背景之父母"。

李雅卿曾在著作中提过，她以自身的"法政背景"，努力地为孩子创造一个能自主学习的环境；也有很多其他家长们讲到，他们必须全力投入孩子的教育，才得以支持孩子走出学校，在学自学。

要执行在家教育，意味着爸妈得自己当老师，这条路一点也不轻松，因为需要父母投入极大的时间与精力准备教材、传道授业，甚至还要另请其他老师负责专门课程。

这些先决条件可有好几个：父母要有热血，要不厌其烦；父母本身也得非等闲之辈，要有教学能力，且有闲又有钱。

目前经济大环境如此恶劣，双薪家庭比比皆是，为孩子量身打造的"在家自学"方案，虽细腻而完美，但对多数家庭而言却如天方夜谭。

我问自己："我可能执行吗？"

还来不及仔细推敲，我的大脑已乱成一团。咱家高中生、初中生、小学生各一，我可得变出三个分身，准备三套课程、三套行程表……我自己先等着精神分裂吧！

这，当然不可能！

另外，唐凤的智商180，这样的孩子虽是万中选一，但若非母亲有条件全力支持，一般的家庭会造就出怎样的唐凤呢？想要选择不同的学习之路，想要成就一个发光的天才，背后不能没有厚实全面的支持系统。

3."最适合孩子"的学校,就是最好的学校

再来讨论"挑选自家附近的公立学校"。我觉得这对一般家庭而言,是相当实际而重要的考虑。针对小区内可以选择的学校,细细评估与孩子气质的吻合度,或许可以让孩子在求学时少受些不必要的折磨,或者能激发孩子潜在的特质。

有一个好友的儿子总是名列前茅,他家附近有两所初中,一所是大家挤破头想进去的明星中学,另一所则强调多元均衡发展的中学。她打算把孩子送到后者,没想到竟遭儿子极力反对:"我想要课业盯紧一点的学校,因为我就是想要考进重点高中!"

父母可能没想过,有时候是孩子自己想跳进我们认为的"火坑",如果他们未能如愿以偿,会不会反过来怪罪我们呢?这可得和孩子讨论清楚。

另外,还有个朋友的孩子从小对读书便缺乏兴趣,随着年龄增长,情况更加鲜明,他顺着孩子的天性,最后让孩子选择课业压力较小的中学就读。这个开明的妈妈,看得开、想得开,果然孩子上了初中后如鱼得水,最后参加了只考术科和面试的高职特招,如愿进入自己想要读的职校科系,适得其所。

分析的结论是:我没有条件离开体制,所以,就务实面对吧!

而你呢?

让孩子空出时间"做自己"

所有的孩子到了初中都得没日没夜地伏案苦读吗？其实，在小学高年级时就先让孩子养成天天计划、善用时间的习惯，到了初中，虽不比小学时悠游自在，但绝对可以空出自由运用的时间，继续在自己的兴趣上探索与扎根。

我家学区的初中是出了名的课业抓得紧的学校，但小子们每天依然空出40分钟做自己。老大翔翔写了一部10万字的小说，又和弟弟一起自编自导自演了两部电影；老二凯凯则坚持周六一整天都要自由空白，自发享受着自学计算机动画。

此外，不论教改怎么改，只要最后无法脱离以"考试"作为筛选机制，初中的真实现场就难摆脱"大小考试不断"的宿命。既然长此以往看不到学习环境的脱胎换骨，与其抱怨，不如尽早做好心理准备、调整心态，早早让孩子在小学高年级时就养成提早预习、按日复习的好习惯，到了初中就能顺应现实，并且能空出时间做自己！

第三节　"分数至上论"或"分数无用论"，都只是父母的自以为是

孩子升上初中后，父母会出现两种极端的典型：

一种是目光狭窄到只剩下分数的"分数至上论"；

另一种是不忍心看到孩子遭受一丁点的压力，而抱持"分数无用论"。

这两种类型的父母注定都将出现适应不良的情况。

因为不断接收到初中课业繁重、大小考试很多的信息，父母在孩子升上初中之后询问我的问题便从兴趣培养、管教方式，逐渐聚焦在课业方面：

"初中哪些科目最难？需要补习吗？除了数学，生物要不要补？"

"听说语文非常难，考试都是课外的题目，又有艰涩的文言文，连语文都要补吗？"

"补习班太多人，我家孩子，常常跟不上，是不是请家教会比较好呢？"

"现在免试升学到底是怎么一回事？变来变去的，要不要干脆去念私立学校？"

不是已经实施"免试升学"了吗？为什么一到中学这个关卡，父母的教养话题仍全在此打转？

1.虽是愚勇，也需要智慧

一位成功父亲Y在他的著作《勇敢地为孩子改变：给台湾家长的一封长信》中指出，每一个人都在谈"免试升学"，但是"在学校里，从校长到老师到家长，从早上到放学，弥漫在空气中的，明明就是'考试'，这根本就是'说一套、做一套'"。Y认为女儿读初中时"几乎每一分、每一秒都被迫处于集体的'虚伪状态'中"。

Y最后把女儿送往德国读书，让女儿得以全力发展自己的音乐特长，这几年不仅得到音乐大奖，并获得重大的国际演出机会；若是继续留在台湾，这个音乐天才女儿恐怕早就在考试的压迫下磨损掉珍贵的天分。

Y因此鼓励父母们，即使知道最终是"狗吠火车"没有用，也要抱定"试图改变台湾教育"的"愚勇"，才能真正改变台湾的教育，否则天才在台湾也只是庸才。

这是一位勇敢冲撞教育体制的父亲的做法。只是，我也认为，若是一个不具特别天分的孩子被送到海外念书，未必就能有好的发展。天才的确需要一个能让他发光的环境，但是前提是：必须是个出众的天才。

至于我们这些离不开"火车"的凡夫俗子，真的也得具备另一种"愚勇"以生存下去。这不是指凡事逆来顺受，而是一面在观望现况中推动教改，一面务实地在现实中投入适当的力道与心血来挣得教育资源，因此我们就只能选择在这条道路之上前行，无法不使用这条路上的规则，找到适合自己的位置。

2.分数教育下的极端思维

待孩子升上初中后，父母会出现两种极端的行为：一种是把教育视作追分过程的"分数至上论"；另一种则是把"考试"视作折磨孩子的苦刑，是孩子快乐成长的绊脚石，因此抱持"分数无用论"。

前者的父母认清了残酷的升学竞争态势，既然取得高分才能取得最佳资源，于是把求学视作战斗的过程，想方设法为孩子储备"考试"战力，亲子携手进入疯狂的备战状态，"追求最佳成绩表现"成为最高指导方针。

他们四处打听补习班与名师信息，积极为孩子部署"提高学业成绩"的生活模式；不断给校方压力以争取高绩效（学科成绩）的老师，高分贝要求导师卖命地为孩子的成绩负责，要老师罔顾法规、公开排名以刺激全班学生展开激烈的竞争，认定"能交出最漂亮升学率的老师"才是好老师。

后者在险恶的升学环境里则以不变应万变，极端保护孩子的自尊与自主权，完全不看重孩子的成绩，甚至告诉孩子"爸妈才不在乎他们考几分""好成绩未必保障好前途"，因此不看分数、不盯进度。

前者父母火力全开，但孩子是否就真能达到他们的高度期待？当然，有天资聪慧、乖巧顺服的孩子在父母处心积虑的安排下名列前茅，但我也亲眼目睹不少孩子在高密度、高强度的安排中，反而愈来愈被动，愈来愈厌恶学习。

有一位每晚都在各科名师补习班中度过初中阶段的孩子，最后竟然因为成绩不理想而选择一所普通的私立高中。她的妈妈恍然大悟地叹道："这三年我家孩子什么都没补到，花了大笔钞票只补到我这当妈的'心安'而已啊！"

而后者那些不在乎分数的父母，一心要为孩子缔造"快乐零压力"的，中学阶段，又真的成功了吗？有一个孩子私下透露，成绩老是殿后、无法感受自己有能力进步，反而让她在初中非常不快乐，因为即使爸妈不在意分数，但是她天天都感受到同学们歧视的目光："同学都觉得我很笨，他们不太喜欢和笨蛋做朋友。爸妈根本不知道我在学校的压力很大，我多希望自己能够进步，让同学看得起我！"

真正的现实就是：所有想要争取一定学习资源的孩子，没有人能摆脱分数的控制；面对排山倒海的考试评比，每个人都需要学会排解压力。

亲爱的爸爸妈妈，让我们领着孩子的视野，目光里别狭窄到只剩下分数；也让我们引出孩子的勇气，支撑他们承受不可能消失的考试压力。如此，相信将没有孩子会适应不良！

不优秀，没关系，但要尽己所能去努力

为了减轻学习缓慢的孩子深重的挫折感，父母或许会刻意表明他们完全不在意孩子的成绩表现。事实上，这是一种掩耳盗铃式的响应方式，因为即使父母不看成绩，但孩子绝对会自己去感受。只知一味安慰孩子"即使考得很烂，但你依然很优秀"，却不知孩子在面对学习困境却总是束手无策时，绝对不会相信自己很优秀。

一个真正喜乐安定的孩子未必名列前茅，但一定是充满自信的孩子。孩子的自信来源于他清楚知道自己可以借由努力与适当的协助而达到一定的目标。

所以要缔造一个内心平静而满足的孩子，父母要做的，绝不是忽视孩子的学业表现，而是对孩子说"尽你所能去努力"，也绝非置身事外，而是永远清楚孩子何时需协助，帮孩子创造突破自己的机会！

第四节　课业与社团，只能二选一？

热爱电影的大儿子，花了大量的时间投入社团活动。

我虽然忧心他的课业进度，

但在观赏他的作品后，发现这整个过程不是只需要艺术家的创意，

更得动用企划力、毅力等多种能力才能完成。

上了高中的大儿子刚上高一时，还大致依循着初中时单纯而规律的生活模式：上课、小歇、做功课、晚餐、读书。但自从参加了社团之后，生活也随着丰富的社交生活而逐日复杂起来。

他常常无法准时回家，晚上要空出大量时间联络社团工作、周末时要进行社团活动，当然，从此放在书本上的时间就愈来愈少。

而疯迷电影的他还发现学校的音乐课有MV制作，学校更举办"微电影大赛"，一直向往电影创作的他，当然心花怒放，绝不放过一展才华的大好机会。于是，整个高一下学期，几乎有三分之一的时间，都在筹划拍摄他的伟

大作品。最后皇天不负苦心人，儿子拿下了全校的一等奖，音乐课苦心创作的MV拿了最高分。

这些成功的经验让小子意气风发，立下更大的宏愿：创社。

儿子在升高二时，毅然决然草创了"摄影社"，从暑假开始就积极寻找干部、制定规章、拟定行事历。高二才一开学，就如火如荼地宣传、办联谊、筹办活动，整颗心都是沸腾的。

然而，自从大学学测提前至一月份举行之后，沉重的升学压力就整整提前了半年，这使得所有师生从高二开始都不敢再潇洒度日，升学的竞争氛围日益凝重，"考上好大学"已变成高中师生首要的作战目标。

作为妈妈，我能否静心看待儿子将大量心思放在社团与电影制作呢？

诚实地回答：难！

1.学校该主导还是辅导？

正如同《天下》杂志的报导，高中的龙头学校建中*，近年来受到繁星与推甄*的影响，学生上台大的比例逐年降低，连建中校长都要求学生要减少课外活动，全力冲学测。

他取消每年校庆的创意变装秀、班际合唱比赛；英语话剧不让学生花太多时间准备，改为自由参加；毕业旅行提前至高二寒假刚过时举办；社团成果发表会从六月提前至四月，并一并完成干部交接。

台师大附中也因为满级分骤减而压抑学生社团活动：社团寒、暑训应以五天为限、校庆晚会最多三小时，并要管理学生使用手机与请假泛滥的问题。

规则一公布，附中学生们都痛批："附中已进入戒严时代！"而建中的做法更遭各界哗然：作为一个龙头学校，竟然办教育"穷得只剩下'升学'"！

唯一额手称庆的一定是父母。而让这些在教育现场的首脑人物与教育潮流背道而驰的幕后推手，也一定是"眼里只有分数"的父母！

但问题是，当大人一心想要"减少课外活动"时，学生就必定会"高投入于学业"吗？乖巧的孩子或许会默默承受，但性格鲜明的孩子会不会愈压制愈反弹呢？

顺着正常的身心发展历程来看，此时期的孩子有强烈的自我主张，高度渴望借由各种活动来探索自我，看到自己的能力、肯定自我价值。更难以抗拒的是，他们更享受和一群志同道合的朋友，通过完成共同的目标而凝聚同窗情谊。即使大人们一意孤行压制孩子远离课外活动，但这些正常而澎湃的内在动能也会另寻挥洒的出路，因为这就是自我探索与锻炼的必要过程。

2.社团能培养生存能力

事实上，当我看到儿子的作品时，我深深感动着，因为有几幕是十几个同学一起演出的场景，这意味着在拍摄之前，儿子必须先探勘场地、仔细联络，在现场更要指挥全局，让全员都能完美配合演出。

而好几个同学精湛的演技，也让我不由得去揣想儿子是如何和他们沟通、协调、讨论，以至让毫无经验的同学能表现不俗。

得奖后，儿子怎么去向整个团队表达感谢，全员一起开心庆功……这整个过程，不是只需要艺术家的创意，而是还需要孩子动用企划力、毅力、沟通力、协调力、领导力才能完成；丰硕的成果不仅止于一张得来不易的奖状，更凝聚了一辈子都会印在心底深处的甜美友谊。

而以上所锻炼出来的能力，正是无法被量化、父母又无法直接看到数据而给予肯定的"非认知能力"，也就是我们常说的"生存能力"。

日本经济学者中室牧子在《教育经济学》一书中，更下了一个我认为极重要的结论："投资在'非认知能力'上，对孩子未来的成功极为重要……若为了眼前的考试成绩提高，而要求孩子停止社团、学生会、社会公益活动，从长远看来，很可能只为了提高一点点学业成绩，就剥夺孩子培养'非认知能力'的宝贵机会。"

社团不是"不能玩"，而是"该怎么玩"

看完中室牧子的理论后，妈妈我真能洒脱以对吗？和大多数的父母一样：当然不完全！毕竟学测就是不考"非认知能力"啊！这是非常现实的问题。

因此，如果只顾着把自己的心脏变强大，装聋作哑，告诉自己要顾及孩子长远的发展，也很可能耽误了一个亟须务实作为的孩子。

于是找一个适当时机，和少年郎平心静气地讨论"如何健康而平衡地参与社团"。结论是：

1.肯定社团是多方面磨炼自我的最佳园地。玩社团的目标是：找到自己的定位，发挥自己的才能，展现漂亮的成果，交到志同道合的好朋友。

2.认清学业是主餐，社团是甜点，不能本末倒置。

3.做好自我管理与时间规划，订出每周的读书时间、社团时间、补习时间，并尽力达成。

4.平常时期一天至少投入两小时专心读书，不碰手机、不联络社团活动。

5.考前至少两周停止社团活动。

6.跟团员有共识，有效率地处理社务，更该彼此督促，该用功读书时，相互教导，彼此激励。

第五节　准初中生该如何做准备？

我非常鼓励孩子在小学阶段要借由各种活动、兴趣与嗜好，找到自己的兴趣。

同时，如果孩子在小学高年级就对学科的兴趣极度缺乏，或学习速度缓慢，就不适合就读过度追求升学表现的学校，最明智的做法，就是让他转到适合的学校。

初中的课堂往往在班上会出现一个阴阳两界的奇怪现象：教室里有一批对学习有兴趣、听得懂、跟得上的学生，但更有一批往往不知老师所云、跟不上进度、无法投入的孩子。两批孩子一边一国，但两国可不是楚河汉界，而是错落而坐、互为干扰。

有位妈妈就曾表达她的愤怒与忧心，因为在她孩子的班上，重要的课程如语文、数学、理化，无心听讲的孩子常常会扯开老师的话题、喧闹狂笑，甚至传纸条、互丢东西，而在老师无力抑制孩子失控行为的课堂上，甚至还有学生我行我素、四处走动。

这位妈妈愤怒地表达："孩子根本已经丧失听课的权利，想听课也无法专心！"

但是老师却两手一摊表示："班上程度差异大，我也没办法把老作乱的孩子赶出教室！"

最后这个班级就一路乱哄哄到学期结束，一心想学习、却不断受到干扰的孩子也只好转向补习班报到。

这是一个三输的结果：想学的孩子没办法专心学，不想学的孩子精力无处宣泄，想好好教书的老师无奈投降，得不到教学的成就感。

1. 加深又加广，初中课程不轻松

场景转进小学，为什么班上就不会出现此种"一个教室两个国家"的状态？

这是因为小学阶段的课程单纯、简单、进度不快、考试又少，只要用心听讲，全班大致八成以上的孩子都跟得上进度。

一上初中，科目变多，内容加深加广，考试题型又灵活多样。以数学来说，一个单元有三四个章节，每周就必须上完一个章节，下一章节又与上一章节环环相扣，若是在这个章节原地打转，下个章节注定是雾里看花。如果学习遇到瓶颈而落后了一小步，就只有一个选择——抢时间快快弄通，否则接踵而至的艰涩教材必会让孩子走上放弃数学一途。

有位补教名师曾说："只要不放弃数学，就能赢过一半的同学。"
因为实在有太多孩子在上了初中后，从现实中领悟到这辈子大约和数学
绝缘。

除却数学，语文也是多数孩子公认有难度的科目，除了需要通过长期
而大量的阅读与思索进而累积语文能力外，会考内容更是古今中外、包罗万
象，没有范围，考的就是语文的素养，包含阅读理解、拐弯抹角的修辞学、
令人眼花缭乱的字音字形、语文常识。

而自然领域又分出生物、理化、地球科学等独立科目，大考的方向已然
迈向灵活化、生活化、整合性、跨领域，除了要能全面掌握教材的脉络、透
彻理解每一个独立学理之外，还得磨炼出极佳的判读能力、逻辑推理、分析
思辨等高级思维能力。

独立分成史、地、公民的社会科当然亦如此。如今，"死背年代人名等死
知识"的学习模式，被各界嗤之以鼻，但要能厘清古今中外繁复历史事件之
前因后果，并建立清楚的地理概念，绝对不是一句"不要死背"做结论，大
脑还是得乖乖空出一定的容量，先耐下性子建立清晰完整的背景知识体系，
才可能进一步潇洒谈活化。

除此之外，强调多元发展、五育并进的教育，当然少不了音乐、美术、
家政、工艺、体育、军训等生活能力的训练与美学的陶冶。孩子们都很热爱
这些课程，因为内容的规划非常丰富实用又精彩有趣。然而除了实作，这些
科目依然逃不开传统的纸笔测验。

2. 跟不上进度，初中后可能成为拒学的孩子

中学恐怕是人生中最博学、最能干的一个阶段，上通天文、下懂地理；左手背诵诗词经典，右手玩数学推理；早上做实验，下午烤蛋糕；昨天挥汗跑完三千公里，今天在教室里关注生命科学。

读中学，若每一科都认真读、每一个领域都用力做，那么忙碌疲累的程度绝不输企业大老板。

但现实的状况是，不是每个孩子对每一科都具备学习潜能、都有学习兴趣，而且大多数孩子都不擅长在仓促追赶下顺利吸收每一种知识技能。但是目前的教育规划就是要学校在同一个时期，什么都得提供、什么都得评分，而孩子什么都得学，什么都得照单全收。

积极进取或聪敏专注的孩子可能因而被推向十项全能，但悠然自得或学习缓慢的孩子则真的可能落得适应不良，这种差距将随着学习的分量愈来愈重、难度愈来愈高而壁垒分明，这也是到了初中，"退学"比例大幅提高的原因。

3. 高年级是决定初中学习的转折点

曾经，为了给孩子不疾不徐的学习步调，在迎向中学之前，我认定什么都不须多想，什么都无须准备，什么都到时候再说，一切船到桥头自然直。

但是看到太多初中教室里"一边一国"的学习干扰状况后，我不得不承

认，若一切崇尚"顺其自然"，很可能顺出一个原本在学科上想努力、但却愈来愈无力的孩子。

与其到初中遭受严重的打击，非常实在的，就是在小学高年级开始要逐步为初中的学科学习打好基础。不论孩子属积极学习型，或是被动、慢速的学习者，势必得从小学高年级起，将稍多一点的心力放在学科上。

而此时期的学科都与初中课程有所关联，正是衔接的关键基础期，不论语文、英文、数学，都应该要求孩子在能力范围内学通、学会、学得彻底。

事实上，我非常鼓励孩子在小学阶段尽情地自我探索，借由课内课外的多种活动甚至闲暇时的兴趣培养，让孩子开始细细发现自己的潜能，这个过程绝不能因追求课业而完全被牺牲掉，因为"体察自己、探索自我"才能为一辈子的学习定出方向。只是到了小学高年级，一定要重新分配时间，投入较多心力在学科的学习上，为顺利过渡到初中打下良好的基础。

另一方面，如果孩子在高年级时，就明显表现对学科的兴趣极度缺乏，学习速度缓慢，那么一定要预先仔细研究学区内的初中形态，此类孩子绝不适合过度追求升学表现的学校，因为他极可能在此种学习环境里中厌弃学习、放弃自己。最明智的做法，就是毫不犹豫地把孩子转到适合他的学校。

读初中的孩子跟上脚步了吗？

关于学科的学习，一个在初中能"良好适应"的孩子，我想应要具备下列几项条件：

1.上课能专注听讲：尽可能降低回家自我摸索的时间。

2.懂得善用时间：会规划每周固定的生活行程、会细想每天进度的安排，并知道自我掌控与监督的重要性。

3.能按日复习课业：每天愿意耐心而专注地按照计划复习课业至少两小时。

4.能独立研读：学会由自己画重点，能自主进行深刻思考。

5.懂得寻找资源：对于不懂的课业，愿意发问、主动寻找可以协助解决问题者。

6.对课业负责，但以平常心看待大小考试。

第六节 如果孩子与名校无缘

除了极少数顶尖的学习尖子生之外，没有一个孩子能保证永远拿高分。

父母要在一次次高低不定的分数中，学着去接受孩子的"成绩定位"，对分数的期待既不好高骛远，也不妄自菲薄，亲子双方将能因达到最大公约数而降低彼此的期待落差。

有一个家长曾对我说，孩子要念书当然要念最好的，否则念一所烂学校，浪费时间、浪费金钱，不如早早去工作。因此在孩子成长的路上，她毫不掩饰自己就是处心积虑地想把孩子一路栽培到顶尖名校，而孩子也不负父母苦心，果真一路读到常春藤系名校。

"谁不喜欢用名牌？有能力用名牌，何乐而不为？不要骗人，谁没有虚荣心呢？"这是她的第一个观点：名校如名牌，就是人人都想要追求的光环，何必掩藏虚荣心？

"名牌为什么好？因为材料好、做工好、处处用心。名校不也如此吗？就是集合最优质、最勤奋的学生，能聘任到最顶尖的教授人才，能举办高层次的学术研究，又能争取到最多的资源、拥有最好的设备。"这是她的第二个观点：名校的价值如同名牌，就是质量的保证！

"走进社会，哪个大企业不是年年都到台清交挑人？海外也是这样，哈佛、普林斯顿、耶鲁、斯坦福、MIT……每年都有企业不辞劳烦到这些学校抢人。读名校就是你选择别人，而不是等着让别人选择你！"这是她的第三个观点：名牌经得起考验，名校推得出好人才！

栽培孩子进名校，确实是一条光明大道，问题是，这世上绝大部分的孩子不但高攀不上，甚至连声望普通的学校都沾不上边。那么，这些孩子是否就如路边摊的便宜货一样得黯淡一生呢？

1.读不了名校的孩子，也能成为知名饭店的高级主管

有位三个孩子的妈妈，在孩子长大成人之后写了一篇文章叫《读名校有这么重要吗？》。

她的大儿子和大女儿高中都考取第一志愿，大学也都考上名牌大学，大儿子接着就到海外拿到工程硕士，最后回国担任工程师；大女儿则在德国拿到文学硕士后回国从事专职翻译。

唯独小女儿的课业始终落后，当然注定与名校无缘。高中时考取某高职的美工科，毕业后竟然考不上大学，让父母十分失望。

而后，这个孩子开始对餐饮业管理产生兴趣，所以自己几番挣扎与努力，终于得到机会到瑞士餐饮学校进修。

欧洲的技职体系学校非常重视实践，课程与实习两部分兼具，小女儿一个学期到学校上课，另一个学期则到业界实践。但是实习期间比起上课更为辛苦，清晨五点就得起床，在寒冷的瑞士要用冰冷的水洗碗盘，因此培养了吃苦耐劳的精神。

小女儿回国后，先在某五星级大饭店担任领班，认真地工作，又一路升上副理、特助、总监，现在已是海外某知名品牌大饭店的高级管理人，曾参与过数家大饭店的筹立业务，收入很不错，也是三个孩子中唯一能每月固定拨出资金奉养父母的孩子。

这位妈妈坦承，当年在面对这个小女儿时有强烈的挫败感，她还因为小女儿只考上职校美工科生气了许久。但万万没想到，读不了名校的孩子，最终却搞出另一番"名堂"。

2.亲子间达成对分数期待的最大公约数

在孩子尚未完整走完学习的旅程之前，谁能断定哪条路是康庄大道呢？"读名校"无疑是开门就能见到大山的光明旅程，但挡在大山之后仍旧需要真本事去开路；读不了名校、成绩很平庸甚至低下的孩子，虽然不能因而放弃学业上的学习，但是父母的确需要"智慧之眼""开阔之心"来看待分数以外的真实孩子。

然而，一旦孩子进入评比不断的学习环境，要父母把眼光从孩子的"分数"移开，谈何容易？父母的挫败感以及亲子关系的撕裂很可能就是从小学第一次期中考试开始的！

每个父母都经历过心情随着孩子的分数起伏难安的过程，平常看似开明民主的父母，只要孩子一进入学校学习，也很有可能不自觉地陷入分分计较的泥沼中。

但是，各位爸爸妈妈知道吗？除了极少数顶尖的学习尖子生之外，没有一个孩子能保证永远拿高分、永远不考砸！

当孩子进入学校，就代表着将要迎向大大小小的考试，父母首先要练就以"平常心"来看待孩子成绩的硬本领。而这个平常心不仅是练就一颗强大的心脏，让自己的心绪不易随着分数而波动；更重要的是，要在一次次高低不定的分数中，去感受、去掌握孩子成绩的"常态表现"，然后学着去接受孩子的"成绩定位"，这将让我们对分数的期待既不好高骛远，也不妄自菲薄，亲子双方能达到最大公约数而降低彼此的期待落差。

成绩不理想的四类孩子，该如何帮他们？

除了各科学习力都很强，也会自我鞭策的少数学霸之外，每个孩子都会面临学习的困境，约可分为四类。

第一类：对学科的学习有兴趣，但读得很辛苦。

这类孩子可能在学习上遇到了瓶颈，他们最需要的是父母伸出援手来帮助他们厘清学习问题，是时间规划不妥当，还是学习方法有问题？他们很需要额外的资源，如家教、补习，都能助他们一臂之力。

第二类：对学科的学习有兴趣，虽已尽最大力量，但成绩仍无法突破。

这类孩子对学习不排斥，会尽自己最大的力量，也懂得依靠资源，但成绩却始终无法突破。

对这类孩子，最怕父母还抱着幻想期待，让孩子疲于奔命。父母若是体察到孩子的平均落点，就要接受现实，更要肯定孩子的付出，因为孩子自己也很想突破，但却发现事与愿违，若换来的是父母不断的责备，最后必定丧失信心，甚至不再努力。

第三类：对学科的学习没有兴趣，但仍能达到一定的成绩水平。

这类孩子虽然对学科的学习兴趣不高，但凭着不错的头脑，成绩不致太差。父母要先去了解这类孩子对学习缺乏兴趣的原因，是老师的教学方式，还是对考试反感。

但无论是何者，此类孩子一定能找到他最感兴趣的部分，不论是学术或技术方向，最重要的是要帮助他把强项发挥到极致。至于对于他不感兴趣或是进步有限的科目，则制定能够达成的目标即可。

第四类：对学科的学习没有兴趣，而且成绩低下。

这类孩子是在学生群体中适应最不良的。他们缺乏学习动机，也没有学习成就，很容易就走上"厌学""退学"之路。

老师和家长一定要努力看到这类孩子在学科之外，不论个性、服务、生活智能等各方面的亮点，并努力找机会让他们有所发挥，让孩子清楚感受到自己的优势，借以建立自信，补足在学科上的挫败感。而这些亮点，就是他未来职场发展的契机！

第二章

认真，是一种基本的人生态度

第一节　不爱读书，不代表不需要努力

不读书，当然也可能成功，

但是所付出的努力并不比读书少。

你可以不读书，但是不能不学习，不能不努力，

而且还得更加倍地努力学习！

"会念书不能保证一切！"这句话在理性与感性上都极具说服力！因为在逻辑上无可反驳——会念书本来就不能保证绝对成功，然而不会念书最终能出头的反而比比皆是；在情感上，这句话瞬间就能让无望者不再自觉矮人一截：会念书有什么好得意的，又不是一辈子都赢！

"会不会念书"当然不是衡量未来成就的唯一指标，但需要进一步思考的是：念书虽不一定能成功，但不念书的人若想要成功，就一定能成功吗？

1. 拿菜刀比拿书本轻松？

我认识一位七十多岁的阿嬷，因为儿子离婚，于是担负起隔代教养的重责大任。从小活泼爱玩的孙子到了初中时发现课业愈来愈繁重，成绩每况愈下，于是直接跟阿嬷表明自己不是读书的料，阿嬷则问他不读书要做什么，他想都没想就说，现在餐饮业很发达，吴宝春（台湾知名面包师）、阿基师（台湾知名厨师）都能赚大钱，他干脆直接选择高职的餐饮科就读。

几年过去，某天我在路上巧遇这个长辈，因心疼她一路辛苦，于是问起孙子念餐饮科的状况。她无奈地说，孙子上实习课之后，发现成天都是在厨房练切工、洗菜、吸油烟，而且大多数的时间都得站着，还要做一些基层的打扫、清洗工作，实在太辛苦，这才发觉自己根本没兴趣，所以孙子还没毕业就已经打退堂鼓，打算离开本行。

我则好奇当初为什么会答应让孙子念餐饮，到底知不知道他是不是真有兴趣？

阿嬷回答："我当初怎么会知道他有没有兴趣？只知道他不爱念书，想着他有个一技之长就好！"

"但是那么多科别，为什么他就是要选餐饮科呢？"

"他看到有朋友学汽车修理、有同学进工厂，都觉得太辛苦，所以觉得学餐饮比较轻松吧？！哎呀，他当时都不念书，我想他只要愿意念，我都顺着他啦！"

四五年前媒体大量报道吴宝春、阿基师在餐饮业界叱咤风云的故事，于是吸引了大批学子蜂拥投入，特别是拒绝升学考试的孩子更以两位大师为偶像。另一方面，为了因应此需求，餐饮科系也如雨后春笋般一家家设立，有些私立学校甚至将冷门科系改为餐旅管理科系。

但是大量的学生在真正投入餐饮业后才体认到：窝在暗无天日的厨房里可比念书更为辛苦，拿菜刀的更不比拿螺丝刀的轻松啊！

虽然餐饮科系都号称"学生毕业后不知道什么叫失业"，但前提却是，学生必须能够忍得住好几年"长工时、低薪资，又大量消耗体力、劳力，以及得不断重复"的基础工作。

多少学生熬得住？调查结果不尽如人意。根据统计，超过七成的餐饮科系学生最后都选择转行。

2. 别人不爱读书能成功，不代表你也可以不劳而获

不读书，当然也可能成功，但是可能需要比读书投入更多倍的心血与时间，需要更过人的毅力与坚持，那辛苦绝对不亚于念书，因为天下没有不劳而获的事！

而许多决定能不能成功的因素，比如运气、机遇、人际互动等，还不能由自己一手掌控。

比较起来，用功读书恐怕是一件最简单、最能自我掌控的事情了！

果然，前述那位阿嬷告诉我，他的金孙很后悔当初太爱玩，不愿意好好读书，现在才发现，每天早出晚归，工作十二小时，月休六天，每个月才不过两万元（台币）出头的薪水，让他愈做愈慌，愈做愈没力。

这不是要不爱读书的孩子全都得硬着头皮、违背本性，硬生生地改走学术路线，而是要认清：世界上没有免费的午餐，要出头，可以不读书，但是一定得更努力！"不会读书、不喜欢读书"或许真的是天注定，但绝对不是不努力的借口。

如果有机会遇上很成功，但却不爱念书的前辈时，千万不要只顾着问他浑水摸鱼、吃喝玩乐的过去，而是要追着问他打拼事业所吃过的苦头、如何辛苦下功夫，那才是重点！

世界上没有一个人永远可以只挑选自己喜爱的事情来做，任何领域想要出头，都需要持久地下工夫。因此，关于"读书"与"成功"的相关性，应该要有以下更完整的叙述：

读书不能保证成功，但不读书也同样不能保证成功！

你可以不读书，但是不能不学习，不能不努力，而且得更加倍地努力学习！

3.没有企业不看重学历; 拿不出学历, 你只能抓紧机会更努力!

一位高中的辅导主任曾语重心长地跟我说，虽然不断有人鼓吹"学历不代表一切"，但每每跟业界实际接触才发觉事实并非如此。把履历摊开，在所有应聘者的工作经验都不足甚至是"零"的时候，业界毫不讳言，就是会先录取"台清交成政台科北科"*。

为什么？企业主表示，并非百分之百确定这些学生的工作能力一定比较强，但是在"无从比较"之时，至少大约可以确定这些重点大学的学生在求学阶段面对分内工作时，应当是比较认真尽责的。

因此，我们不得不承认的残酷现实就是：学业表现优异的孩子就是握有更多张"工作入场券"。

这也是为什么任凭教改再怎么改，大家依然挤破头都要挤到重点大学的原因，因为当拿不出任何证据来证明自己的能力时，至少有一张学历。

难道挤不进名牌大学的孩子，未来就是一片黯淡吗？这个社会很不可预测，几度物换星移后可能会发现，有为数不少的尖子生，反而成为那些拿不到"漂亮门票"者的伙计，拿他们的薪水、看他们的脸色、听任他们的差遣。

原因何在？其实也在于"认真"的态度。

拿到"不漂亮的小张门票"也算是一张门票。当一个人体悟到自己的不足、取得的资源很有限时，会有什么反应？可能会怨天尤人，自暴自弃，也可能倍加珍惜，生怕失去。

如果是后者，手持一般人眼中的"小张门票"者，势必会竭尽所能，让这张看似不起眼的票充分发挥作用，因此更愿意付出、更愿意学习、更愿意扩展人脉、更愿意进一步思考如何创造自己的附加价值。

有真本事，就能成为赢家

友杰自动化机械有限公司的董事长邓贵友，曾遇过一个让他印象深刻的年轻人，才刚从高职毕业，但是有很扎实的技术底子。他问对方要多少薪水，年轻人反问他想要用多少钱聘用。当时邓老板开出对职场新鲜人来说是相当不错的高薪1万元，不料，年轻人不但不领情，反而进一步要求"按件计酬"。最后，年轻人每个月竟领到15万元（台币）的薪水。

这样看来，邓老板是失算吗？

邓老板说，他完全不后悔，反而很开心，因为他只付了15万元，却得到150万的产值，何乐而不为？

这位年轻人才毕业就能获得高工资，远胜过研究生，更胜过大学生，他可不是把大把时间花在上网、玩电动、吃喝玩乐，而是在求学阶段，他就已经努力打造了一身真功夫，而毕了业，又比任何人肯做敢冲！

哪些年轻人能有资格大喊"读书不重要"呢？只有努力让自己具备扎实的技术、又勤奋肯做的那些人！

第二节　名列前茅，不代表一定热爱学习

愿意逼自己苦读拿第一的孩子，不代表真的乐在学习，

他们甚至有可能以为"拿到高分"就已经达到目的，

而忘了应该好好面对自己、认识自己，

从而看到分数背后代表的意义，做出适合自己的选择。

关于这个主题，我自己应该是最好的例证，我就把自己当成个案好好分析吧！

1.我知道如何考第一，却找不到自己的兴趣

进入初中后，我意识到联考的压力，于是用上洪荒之力废寝忘食地苦读。当然，皇天不负苦心人，三年的初中，除了一两次考试落到第二名之外，我是次次稳拿第一。

我换得的是，父母以我为荣、同学以我为尊；我能骄傲地站到升旗台上接受全校同学的钦羡目光；每次考完试，我都优先享有选择教室座位的特权。

于是，读书对我的意义就只有三个字：争第一！

上学的动机也是三个字：考第一！

学习的乐趣当然也只剩三个字：拿第一！

就如同纪录片《学习的理由》（见第49页）里一位男孩的比喻："考试就像方便面，你会很有饱足感，但真的没吃到什么营养。"

高中时，我顺利考上北一女*，但这光荣的一刻却也是灾难的开始。当台湾第一名都会聚一堂时，第一名再也不在我的掌控之中了。一上高中，我就落到四十多名，然后经常在三十几与四十几名之间徘徊。

拿不到第一，当然就对学习的胃口尽失，我因此找不到任何一个能打从心里真正喜爱的科目，我没享受过纯粹为了追求知识而得到的乐趣。高中时我有好长一段时间根本不清楚为什么要读书。

到高二要分组时，我当然想不清楚自己适合什么，喜欢什么，这是一道远超出我思考能力的难题。要选文科？还是理科？我对自己的兴趣一无所悉。而高一悲惨的分数经验告诉我，生物我根本读不好，数学又太艰深，所以只要能躲掉这两科就是最好的选择——于是我"逃"到文科"避难"。

到了高三，大学联考的压力迫近，于是我整个人又像疯子一样整日埋在书堆中狠拼，因为师长们一再说，分数愈高，选择愈多，于是当务之急，当然不是搞清楚自己的方向，而是尽可能拼到高分以增加自己的选择权。一切都等考到高分再说吧！

果真，在一年闭关式的苦读之后，我的分数在文科里很漂亮，足以上台大外文系，但我到底要念什么才好？我仍旧没有一丁点想法。

父亲告诉我，不知道念什么就念师大吧，女生就是当老师最好！但我一想到遇过的种种老师的面貌就打了退堂鼓！

有人告诉我，信息管理系将来出路好、商学院也不错，但我算了总分，数学不太漂亮，加权计分后竟然上不了。

而我那位就读台大国际贸易系、但最后却摇着笔杆当记者的大姐告诉我，当年她的分数太高，错过她最想读的"政大新闻系"（当年是按照分数分发），甚为可惜，于是要我帮她"补念"回来，我觉得这样也挺好的！

于是，我就在自己没有任何鲜明主张之下，决定念政大新闻系。这，就是我选大学校系的荒诞经过。

2.从逃避，到找到自己的路

荒诞的选择，注定了四年的空虚。

既内向、又对公共事务兴趣不高的我，根本对新闻采访相关课程没有半点兴趣，唯有接触到部分具有创意性质的课程，如广电节目制作等，我才感觉大学总算有点色彩。

毕业后，当然还是搞不清楚自己想做什么，但既然读了广电新闻，而当年电视台记者的待遇又好，第一选择当然就是去报考电视台记者。凭着音质还不错，我顺利成了电视台记者。

不料，这又是另一个噩梦的开始。

上线后，因为对新闻判断不够精准、漏新闻等，让我愈来愈没自信；粉墨登场播报新闻让生性羞怯的我得不到任何成就感。在工作两年之后，我的自信尽失，但直到此时，我才意识到关键的原因是：我对新闻工作根本没有热忱。

于是，我又采取"逃避路线"，用自己工作两年存到仅有的钱，选了一所美国很便宜的学校远走高飞。在那里，我获得了最后一个学位。因为年纪渐长，不能再蹉跎岁月，我终于认清"思考自己"是最根本的一件事，于是开始认真思索：我到底喜欢做什么？适合做什么？

我想起学生时代最喜欢、也拿到最高分的一个科目：电视节目制作。我又想起曾经在大三全力投入参加的广播创意节目比赛，以及在新闻工作中常常享受于包装一则小新闻的声光布景而非新闻的走向……于是，有一条路在心里渐渐浮出。

当我学成归国后，就毅然决然转到以创意为导向的电视节目制作路线，这时才真正恍然大悟：我总算走对了路！虽然为时不算太晚，但也着实走了不少冤枉路！

3.拿高分认清自己

孩子只要愿意用功，就代表真的热爱学习？享受学习？

孩子只要名列前茅，就前途无忧？

父母必先确定孩子的成绩够好，其余免谈？

从我自身的成长经验来看，愿意逼自己苦读拿第一的孩子，可不代表一定乐在学习。追分之外，更重要的是自我的认识与探索，以及不断厘清自己该走的方向，这才可能引导出最真实持久的学习动力与乐趣。

越会读书考试的孩子越要有的心理准备是：科科高分，不表示条条道路都能到达罗马；漂亮分数，反而可能迷惑了视线，让自己看不清，或错过自己该走的方向。

对于能"拿高分"的孩子而言，有个最大的陷阱是，不小心误以为"拿到高分"就已经达到目的，而自始至终忘了要好好面对自己、认识自己，从而看到分数背后代表的意义，做出适合自己的抉择。

为了追求高分成绩的表现，势必得牺牲很多东西，如睡眠、休闲、与亲友的相聚等；但若是牺牲或是逃避掉的是"自我的认识与探索"，这笔账势必还是会在日后追加回来，并且很可能加倍奉还！

将专业与才能对准职场

为了记录同学们面对升学压力的无奈，以及探索"为什么要学习"这件事，杨逸帆从14岁开始拍纪录片，以7年的时间完成一部名为《学习的理由》的纪录片。

他发现，有20%的初中生不知道自己人生的方向，8%的初中生没有人生方向；但奇怪的是，此比例并未随着年龄的增长而减少，反而上升。

高中以及大学生竟然有高达42%的人因为不知道自己未来要做什么而感到痛苦，另外有6%的人认为做什么都没有意义。

这到底发生了什么事？

或许孩子对真实世界愈来愈认识，因而体认到自己的不足，因此愈来愈务实，愈来愈没胆做梦。但也有可能是，升学压力与日俱增，孩子的心力都只放在计较分数"量"的变化上，因此眼界愈来愈窄，而把最重要的"人生方向"抛诸脑后。

杨逸帆还发现，20岁至29岁这个年龄层呈现出最高的失业率，占了总体失业率的52%，这意味着失业人口中有一半都是二十多岁的年轻人；而这些失业年轻人之中，竟然有42%的人是因为找不到自己想要的职业，还有33%的人因为自己的专长与技能与职业需求不符。

如果成绩真的很重要，那么，好分数，高学历，不是应该拥有更多的选择权吗？怎么还会失业？这是因为孩子不知道自己未来要做什么，这说明孩子不清楚自己，也就是无法"知己"；到了成年，无法将自己所学运用到职场上，这说明这些学生一直都没花力气去搞清楚职场上真正的生态与需求面是什么，也就是无法"知彼"。

"将自己的潜能对准真实的职场"的探索过程，就是"通过探索"，不仅需要"知己"，也需要"知彼"，才可能让能力与职场之供需达到完美的契合！

第三节 分数背后，孩子"有没有自己"？

孩子们，你们不见得最善于考试，

更不可能科科得心应手，

但求学过程中，一定要想办法做最了解自己、接受自己，

且最善于运用自己的人！

我有个朋友的孩子从小名列前茅，当然高中也是在重点学校，到了高三学测时，表现虽不算顶尖，但也不俗，然而在选填志愿时却跟父母几乎闹翻。

爸妈执意要他选电机、信息系，但是他的分数上不了台清交的相关科系，所以放弃。他的同学说他一向文笔不错，建议他念文学院，但父母却以未来没有出路为由而全力反对。他看到亲戚当律师的孩子颇有成就，又突发奇想改填法律系，但父母说他的个性根本不适合而作罢。

最终，这个孩子进了某大学的商学院。

从理工跳到文学、再跳到法学，最终落脚商学科系。一个人敢有这么多

选项，若非全能奇才、兴趣广泛，就是根本不认识自己，不知道自己到底要什么。

这个孩子当然不是全才，而属后者。但，他的志向漂泊不定是个特例吗？

1.没时间思考"为什么要读书"，只想"如何能考更好"？

据了解，高中生至少有七成的孩子都搞不清楚自己未来的志向是什么。往下推，心性尚未稳固的初中生，能立定志向的更是屈指可数了！

这就是为什么会有天天在补习、根本抽不出时间练球的孩子会天真地告诉我，他将来的目标是进入NBA当职篮队员，因为他从没有机会想过，一个职篮队员的养成教育，绝不会发生在语英数理化的补习班里。

还有一位第一名的孩子说，他之所以发愤念书要考上第一志愿，乃是因为爸妈答应要送给他最新款的iphone。父母投其所好，以iphone为饵，证明是最强效的特效药。但是孩子拿到iphone之后呢？未来爸妈还要出什么绝招？

更有妈妈看到我猛摇头，抱怨上了大学的孩子夜夜上网打电动，日日晚起频逃学，难道孩子所选非所爱，以致进了大学毫无动力？

不久前，我还看到了不可思议的新闻标题："为什么30岁的人还在问到底该做什么？"30岁还是孩子吗？30岁的人生，还不属于自己吗？

以上所有现象的共同症结就是：没有人去思考自己到底为什么要读书！

书读得辛苦的孩子告诉我："读书都来不及了，哪还有时间想这些？"

而考试的常胜军则回答："没想过，反正成绩还不错，再慢慢来想吧！"

让老师和家长疯狂追逐的只有"要怎么考得更好"的这个目标，虽然它很实际，但也很可怕，它让考不好的同学不敢妄想自己的终极目标，又让考得好的同学自我感觉非常良好，而忘了去思考最根本的人生目标问题。

2.通过探索＝幻想→产生兴趣→练习特定的能力→发展一技之长

因为关于"通过探索"，从天马行空的"幻想"，到"产生兴趣"，到愿意操练琢磨，再到发展成"特定能力"，最后构成一种具体的"职能"，绝非一蹴而就，而是从儿童期开始，就得一点一滴去感受、酝酿、发展、调整、精进，然后愿意不断经历"苦尽甘来的操练"才能达成！

因此，父母在分分计较的同时，最应该思考的是：分数背后，孩子到底有没有"自己"？分数反映的是什么样的"自己"？

一个人在15岁到20岁时，主司判断、分析、思考的前额叶尚未发育完全，一下子要他们就弄清楚自己的喜好与潜能方向当然不容易，但不代表不需要开始。

我自己在自我摸索的路途上很晚才觉醒，如前述走了一些冤枉路，回首来时路，我发现"厘清自我"是一个渐进的过程，不可能突然觉悟。在混沌不明中，建议父母可以利用以下几种方式帮助孩子逐渐厘清自我。

*不清楚自己"要什么"没关系，至少先想清楚自己"不要什么"。

知名博客女王说自己在高中时对于未来也一无所悉，所以就使用"删除法"，把不适合、不喜欢的先拿开。她知道自己对数学很不在行，所以放胆将理工、商学相关领域从她的人生目标中剔除。她最后就读应用美术系，虽然没有从事相关工作，但回首来时路，她高度肯定应用美术的训练，因为对她的事业发展很有帮助。

*不知道自己"最喜欢什么"没关系，先留下"不讨厌"的。

删去自己绝不会考虑的领域之后，还要进一步缩小范围，挑选自己"不讨厌、可忍受"的领域，再针对这些领域进一步搜集信息、细细思量，或是与师长、朋友进行讨论。

*"人格兴趣职涯测验"八九不离十。

大部分孩子都不可能具有充分的实际职业经验，因此科学化的数据能清楚勾勒出孩子潜能的轮廓。

学校都会进行人格兴趣与职涯的心理测验，比如霍兰德（Holland）人格与职业类型，将人格职涯分成社会型、企业型、事务型、实用型、研究型、艺术型六大类，每一类都对应相关的职业类别，值得参考。

*认真观察、用心感受、真心接受，比所有心理测验更准确！

通过日日的陪伴观察，父母很容易觉察孩子在空闲时最喜欢做什么？最喜欢搜集哪些类型的信息？最擅长的科目是什么？是内向或外向？是细心还是大而化之？喜欢接近人群，还是自己独立工作？

吴季刚曾说："在我'知道自己是谁'以前，我的家人就已经知道'我是谁'了。"这正是因为他有个深深了解并支持他的母亲。

严长寿说："上天是公平的，每个人都有自己的优点跟特色。做餐饮，你的味觉、嗅觉要很强；要当画家，就不能是色盲；当外科手术医师，手就要灵巧。有些人很挑剔，感觉不好相处，这种人就很适合做品管员、检察官、稽核员，但不适合做业务，因为这些人看什么都是负面的。看什么都很负面的人，也可以去做民意代表……"

我也跟三个孩子说："你们不见得最善于考试，更不可能科科得心应手，但求学过程中，一定要想办法做最了解自己、接受自己，并且最善于运用自己的人！"

当孩子选择"钱"途不佳的行业

即便父母能够引导孩子"知己"，但是否都能做到"尊重"与"放手"？不少父母也曾跟我说："兴趣不能当饭吃！"于是百般阻挠孩子选择"钱"途不佳的领域。

感兴趣的领域，若能苦心磨炼，当然就能发展成一种"职能"；但若抱着平常心，也能成为陶冶生命、平衡生活的选项。

新时代对于职涯的选择跟父母绝对不同，他们着重于"满足自我理想"，他们的自我意识强烈，而且越是受到阻挠，就越要奋勇前行；个性强烈的孩子甚至不惜和父母撕破脸！父母不妨先抱着同理心，耐心倾听他们的想法，但一定要提供实际的例子供他们参考利弊得失。

若是孩子仍不改初衷，则只能乐观以对，引导他们务实去设定短期、中期、长期的目标，一路上给予支持、鼓励与祝福！

第四节　第一名，不是成功的保证

什么是属于孩子的第一志愿？

我想，是清楚认识并接受自己真正的实力、能力与定位，并了解不是要争"别人眼中的第一"，而是能达到"适合、并属于自己的第一"。

这些，是我家老大教会我的事。

每个为人父母者都想要孩子进入重点学校，但岂是所有家长都能如愿？这当然是天方夜谭！而三个孩子的求学历程，也让我深深理解，每个人都可以有适合自己的"重点学校"。

1.不补习，凭实力考取属于自己的"重点学校"

大儿子考完高中时曾经谢谢我支持他初中"不进补习班"的决定，因为他就是想要看看靠自己的实力可以进入什么样的学校。

他很诚恳地说服我："在我的人生中，我希望起码要有一个阶段是'完全靠自己'来为升学负责。'初中升高中'是最不具风险的阶段，我想试一试！因为我觉得清楚自己真实的学业能力，比用尽各种方法进到明星学校来得更重要！"

考前，老师预测他和好朋友们应该都进得了所谓的前几大明星高中。不料，结果却是好朋友们无一例外都如愿考进前四大明星高中，只有他被排拒在外。虽然不无遗憾，但最后他被分发到一所口碑还不错、学风自由、学生活泼，但又有纪律性、学习风气也不错的小区高中。

我以为那小子会读得苦闷狼狈，甚至我自己偶而也有些悔不当初，自责当初应该卖力怂恿他去补习，或许今天就能进到排名更好的学校。

没想到儿子读了一两年之后，在偶然的闲聊中，他神采奕奕地告诉我："妈，说真的，这所学校是我真正喜欢的学校，我觉得非常适合我，若是要我换学校，我绝对不会愿意。我现在更确定，这所学校是真正属于我自己的'重点学校'。"

从小子在高中热烈参与社团、与同学互动良好、学习也算热衷等各方面来看，我当然确信他说的都是肺腑之言，但绝对不表示当年在他接到志愿单、和同学相互比较时，我没有一丝丝的失落与挫折感。

一切的安排，都是最好的安排！如今我确信，若非儿子升高中的境遇，我想他不会及早学到以下两个宝贵的经验：

第一，清楚认识并接受自己真正的实力、能力与定位。

第二，人生不是永远都要争"别人眼中的第一"，而是能达到"适合自己、属于自己的第一"。

我更庆幸的是，妈妈我在教养老大时就得此机会思考"什么是属于孩子的重点学校"这个最重要的问题，我想未来我会更清明、更豁达、更轻松自在地面对老二、老三的升学问题。

2.被名校拒于门外的超级学霸

事实上，父母的态度比孩子更关键！往往一个分数魔人的背后也可能有一个更走火入魔的藏镜人——严苛要求、过度期待的父母。

有一位署名曾小猫的作者就曾写下她妹妹追求名校的惨痛故事。

曾小猫的小妹是个完美主义者，她的自我要求极高，从小成绩优异，总是全科满分，永远都考第一名，常当选模范生。她受到爸妈的宠爱，被认为是家里的标杆与荣耀。

她对于父母的批评极度敏感，从不容许自己失败，考试若没拿到满分，不等妈妈责备，自己已先泪流满面。爸妈都为她感到骄傲，当然永远也都用高标准来要求她。小妹经常在考试或竞赛前焦虑担心，爸妈总是说："没问题，你这么棒，一定做得到。"

小妹初三时，她作为资优生保送中山女中，但爸妈都不满意，坚持一定要上北一女。考试结果出来，竟然考得不如预期，没能上北一女，她坐在客厅里痛哭，妈妈也跟着落泪，直说："怎么会这样？"最后竟然找了风水师，认为小妹的成绩是受到风水影响。

曾小猫后来移居美国，生孩子之时，父母由小妹陪同去探望她。曾小猫多年没见到小妹，却发现对方已经不是记忆中的模样，她经常心不在焉，莫名烦躁，当曾小猫夜里起身喂奶时，也经常发现小妹没睡，呆坐在沙发上，不知在想些什么。

原来，小妹高中毕业后顺利考上台大，毕业后一边工作，一边准备出国留学。据说她大学成绩优异，留学考试也都考得很好，但最后竟然连一所学校都没申请到，因此受到极大的打击。

爸妈都敦促小妹再接再厉，但她出现的焦虑状况越发严重，不知从什么时候起，她夜不成眠，白天精神恍惚，现在都无法正常工作和生活。

妈妈对小妹失序和脱轨的状况感到后悔，也常常难过流泪，但爸爸却说："她申请的学校数量太少，所以才会申请不到，这都是懒惰造成的，她就是一个失败者！"原来，小妹只申请了哈佛大学等三所最顶尖的常春藤盟校，因为父母就是期望她读名校。

曾小猫曾试着扭转小妹的观念，告诉她，没读到常春藤盟校不代表失败，比方说她自己念的大学不是常春藤盟校，但也有很多大师级的教授。

不等曾小猫说完，小妹马上反击："那是你，我才不要念那种烂学校。"

曾小猫看到自己的妹妹走不出名校的枷锁，几乎毁掉自己的人生，又无力帮助她，实在很痛心。

后来，曾小猫力劝父母带小妹寻求心理咨询，没想到爸爸听到后却很生气，因为他认为看心理医师是家丑。数年过去了，小妹还是住在家里，但经常关在房里一整天，足不出户，连爸妈都不敢去打扰她。

天性敏感的孩子，多半都非常在意爸妈的感受与看法，如同曾小妹，不知不觉中，她的人生观就被塑造成"第一名、第一志愿才是成功，其余都叫做失败"。然而，再优秀、再努力的孩子都有做不到的时刻，如果孩子已铆足全力，父母最需要做的，就是接受孩子能力的极限。一再对孩子说："绝对没问题，你很棒，绝对做得到！"这绝不是鼓励，只会成为敏感孩子无能排解的压力源。

孩子能及早看清人生的游戏规则"人外有人，天外有天"是幸福的事，达不到自己本来就无法到达的目标，根本不叫失败；能努力达到自己能够成就的目标，就是成功！

面对失败的勇气

有一个小男孩帮妈妈抱着大西瓜，开门时一不小心把西瓜落在地上摔个稀烂，妈妈一看气得半死，马上送给儿子一大顿谩骂，嫌他笨手笨脚没有用。这孩子把妈妈的每一句责骂都听得仔细，但从此之后，小男孩尽管看到妈妈拎着大包小包，却再也不肯帮忙分担，因为他害怕再次失误。

对大多数的孩子而言，被父母批评几句根本微不足道，但每个孩子天生的气质不一样，天性敏感的孩子几乎不容许自己出错，更难以承受别人无理的指责。他们通常很自律、要求完美；而反映在课业上，这类孩子多半自动自发、有责任感、努力追求超高目标，父母不需要费心他们的课业，因为他们自己就是最严格的监督者。

他们不缺乏成功的经验，但缺乏足够的经验学会与失败和平共处。对于害怕犯错、不敢失败、自我要求极高的孩子，父母最需要引导他们确认这个事实：世界上没有神人、没有超人，人人都是凡人，所以都会有失误、都会犯错、都可能失败！

抱西瓜的孩子最后不想再帮忙，正是因为害怕再次失误，失去勇气；没进到名校的学霸最后足不出户，正是因为不敢面对自己终有极限的现实。

而且，当这类孩子在成绩上偶有输人、达不到理想的时候，父母应该感到庆幸，因为孩子终于遇到他最难碰到，也是最不容易学习的课题——面对失败！

如果孩子能及早认清在学习之路上，失败的机会本就大于成功。多经历几次失败之后，自然就能对失败产生免疫力。

第五节　天赋论vs后天努力论

当孩子努力用功却考砸时，记得告诉他："妈妈看到了你的努力，谢谢你！"

因为"努力"本身就是价值，"愿意努力"就值得嘉许。

至于不太努力却考得好的孩子，则宜平平淡淡地冷处理。

若真想送上奖励，心意到即可，切忌大手笔，更不可直接夸赞他的聪明。

在一场小学的演讲结束后，两个妈妈私下跟我聊起孩子的读书状况。

"每次要考试了，我看我家儿子都没怎么复习功课，反正大部分考得都还不错，我就懒得管了！"一位家长说道。

另一位家长则一副苦瓜脸："我家孩子跟你们恰恰相反，她很认真、很用功，但是成绩还没你家儿子好！"

从他们的对话中，我可以做出几点归纳：前者孩子应该天资不错，也可能上课专注，所以上完课就能大致吸收，不需要特别费心复习。

后者孩子很用功，但是成绩却不佳，有可能是学习有瓶颈，或复习功课不得要领，当然也可能是上课不够专心。

以成果论英雄，前者考得好，是否该奖励？后者表现差，理所当然不该奖励？

错！我跟第一个家长说："恭喜你！生了一个聪慧的儿子，读书事半功倍，比别人轻松愉快，是可以给他一个小小的奖励，但请千万别大大地奖励他。"

我再转头和第二个妈妈说："恭喜你！生了一个认真努力的孩子，虽然得不到相对应的好成绩，但是你不但不该责备她，反而应该鼓励她！"

两个妈妈瞪大了眼睛。

是，别怀疑！给第一个孩子小小的奖励，是因为他的学习算是颇有效率；但不该大大的奖励是因为他的好成绩得来不费工夫。天下没有免费的午餐，但是考试的经验让他大可颠覆这个逻辑，奖励他的好成绩，就是对他"无所谓的态度"大力点了赞！

第二个孩子的爸妈更不该责备她，因为她不但没有犯错，反而养成了很难得的学习美德——学而时习之。她愿意下工夫、认真复习课业，长远来看，这"勤奋、自律、负责"的态度将能战胜一切。

1.与其相信天才，不如相信努力

小学阶段的课业不论在广度、深度上都很有限，人文科目多半以日常知识为基础，数理科目也都是基本概念入门，语文考试也只限于课本上的生字语法，所以试题大多没有难度，只要有一定的资质、又认真听讲，并按时将作业完成，甚至无须做过多的课外练习，考试结果也不会太过离谱，特别是资质不错的孩子，凭着一招半式都能拿到高分。

但此"无痕"的读书经验很可能为聪慧的孩子埋下一个大危机：正因为课业不难，所以根本没有下苦功夫复习的必要，因此没机会深刻体认到"努力用功"乃做学问的必要条件之一。

而一个愿意用功，却很难拿到好成绩的孩子也有很大的危机，那就是很可能患上心理学实证过的"习得性无助"（Learned Helplessness）。也就是当孩子一次次投注心力、努力用功，却一直换来烂成绩，最后就会从累积的失败经验中，认定自己不论怎么努力都是白费心机，因为根本无法摆脱失败的命运。当挫折累积到一定的地步，这孩子将不再相信"努力用功"会有任何价值，就会哀莫大于心死。

随着中学课业逐渐繁重，聪慧的孩子就会发现徒有聪明已不靠谱，而自己又没能及早养成端坐教室的习惯，这将让他对于繁复的学习内容失去耐性，最后可能因成绩下滑而对学科产生反感。

反之，能及早养成读书与复习的好习惯、并持之以恒的孩子，反而能从长期累积的经验中去思索自己的学习问题。只要对症下药，调整学习模式，这类孩子慢慢就能追赶上来。

天分 × 努力 ＝ 技能

技能 × 努力 ＝ 成就

这是麦克阿瑟天才奖得主安杰拉·达克沃斯（Angela Duckworth）*，在长期研究人生成功的能力后所得出的公式。显示有天分的人，若愿意努力就能得到一定的技能，而以此做基础再继续努力，才可能达到成就。

在以上的公式里，"天分"这个元素只出现一次，但是"努力"的元素却出现了两次。

她认为："任何领域都可以找到没什么天分、但却很卓越的人物，他们的优秀是通过努力而得来的，他们是'逐渐'变成天才的。"

至此，你觉得天分重要？还是努力重要？还是两者都重要？

2.我的孩子们是努力的"地才"

关于读书，我家三小子都不具浑然天成的天分，也就是他们从来不曾尝过"不需努力就能取得好成绩"的滋味，资质平凡的他们甚至"一分耕耘"还不见得能获得"一分收获"！身为妈妈的我，每每看到成长中的三个少年在面对考试时埋头苦读，却不见得有高人一等的成绩时，心里都很挣扎，更是为他们心疼、叫屈。

不过，正是因为他们的资质平凡，才能及早把焦点放对地方：要"努力"，而非靠"天分"！

努力用功的孩子却考砸了，怎么办？温暖地抱一下，然后告诉他："天底下本来就是'努力也不见得一定能成功，但不努力绝对不可能永远成功'。妈妈看到了你的努力，谢谢你！"孩子听了会持续秉持"努力"这个核心价值。

"努力"本身就是价值，"愿意努力"就值得嘉许，就应该被奖励！

至于不太努力却考得好的孩子，该怎么应对？当然最好的方式就是平平淡淡冷处理。

若真的忍不住送上奖励，则心意到即可，切忌大手笔，更不可直接夸赞他的聪明。奉上奖励时，跟孩子开个玩笑吧："其实爸妈的奖励不是送给你的，而是送给考试时刚好经过你身旁的'幸运之神'，让没有努力的你侥幸得了好成绩，下次考试时，若'幸运之神'没来光顾，记得帮我跟他要回礼物喔！但是如果下次我看到你自己愿意用功努力，我就把奖颁给你。既然是颁给你，而不是给'幸运之神'，爸妈就会颁给你更棒的奖！"

孩子考砸了，父母该怎么做？

当孩子考差时，说完全不在意的爸妈绝对是骗人的；但是，我们可能不知道，孩子比我们更在意、更难过、更忧心。

此时，孩子最不需要的，就是加重他的难过与忧心；他最需要的是默默的同理与静静的陪伴，他甚至不需要父母刻意制造安慰之词。他更不需要斥责与贬损，因为如此做，他将不只输掉成绩，也必将逐渐输掉自己的信心。

他尤其不需要被拿来和别人比较，因为他将会认为爸妈爱"分数"远远胜过爱他，这会使他将来避免和爸妈讨论任何有关课业与成绩的问题。

华人的教育只看重成功，难以接纳失败，只知道教导孩子成功之道，但却不知道如何引导孩子处理失败，因为可能连父母都不知道如何面对失败，更何况面对自己苦心栽培的孩子的失败。

孩子考差的当下，父母不只要有很强的心脏去接受，还要有一张"安静的嘴"及"淡定的脸"，不多说什么，不评价什么，也不急着教导什么，一切如常，给孩子喜爱的食物，静静地陪伴，孩子当下需要的是"平和消化情绪的时间与空间"。等孩子走过低谷，再找适当的时机与孩子理性讨论问题点以及思考如何进步的具体做法。

第三章

读书，终究是孩子自己要承担的责任

第一节　妈妈要不要当书童？

孩子永远是学习的主角。

学习效能好，应该是他们自己感到高兴；

学习效能差，他们的忧心当然必须多过于爸妈；

如果父母的责任心与得失心比孩子都强烈，那这样的投入就必定大有问题。

到底要不要介入孩子的读书？要介入多少？要介入到几岁？

有位妈妈很潇洒地跟我说，她认为孩子一进入小学，学习就应该是他自己的事，为了让孩子学习自我负责，她决定不介入孩子的学习；为了让孩子清楚自己的学习状态，同时让老师能掌握到孩子最真实的学习状态，她也不打算检查作业。

完全交由孩子对自己的学习与课业负责，孩子就真能自我负责吗？这样的做法真的能让孩子进步吗？

针对这个问题，我们来看看一位全球知名的老师怎么想。

1.自主学习≠独自学习，放牛吃草是下策

强调创新教学、塑造自由学风的克拉克学园创办人，也是《优秀是教出来》一书的作者隆·克拉克*曾分享过一个案例：

许多科目都不及格的乔几乎都不写功课，是个学习落后的学生，于是老师与他的父母沟通，希望他们能确定乔每天都会念书，帮助他使用学习指南、复习笔记，并且制作生字卡。关于乔的学习，老师、父母必须一起努力。

但几个月过去，乔的成绩依然落后，因为以上的事情，乔的父母一样也没贯彻，却直率地回答克拉克老师："我们并不担心，因为我们知道他一定没有问题的，我们把这件事情交到上帝的手里，我们会祷告。"

乔的父母始终相信孩子自己会得到教训，自己会想办法，自己终究会有所突破，甚至认为上帝会给予祝福。然而事实不然，光靠乔自己的力量，不但没有丝毫进步，反而愈来愈落后。

所有的老师都希望教会每一个孩子，但光靠老师一个人的苦口婆心绝难达成任务，认真的老师还需要愿意一起合作帮忙的父母，才能将学习落后的孩子追赶上来。

这个曾荣获全美最佳教师的老师下了结论："若想孩子成功，父母就得做好长期抗战的心理准备。"他希望父母也能投入，因为唯有父母一起进入孩子的学习状况中，才知道怎么帮助孩子；也唯有父母愿意伸出援手，孩子的

问题才可能尽快妥善解决，才有机会进步。

克拉克不否认有些孩子完全不需要家长的关注，仍能保持亮眼的成绩；只是对多数孩子而言，若是父母对孩子的学习不闻不问、放牛吃草，孩子成功的概率就微乎其微。

"最棒的家长都明白，为了孩子着想，势必得有所牺牲。这些家长知道，没有任何电视节目，会比花一小时陪孩子念书、检查作业，或陪陪孩子玩大富翁重要。"他说，"在孩子的生命中，父母的重要性无人能及！"

而他也证实，只要家长愿意采纳学校老师的建议，通常孩子无论在课业或人际关系上，都会呈现大幅进步！

《一流的教养》一书中也明确地做出结论："自由放任孩子念书的教育方法并非对所有的孩子都有效。"该书所做的问卷中，得到最多的回答是："比起强迫孩子念书，让孩子自己做主会比较好，但'普通孩子的父母'万万不可囫囵吞枣接受这样的说法。"

作者金武贵回想自身的成长经验也感叹道："我的个性放浪不羁，让我自己做主，是绝对不会念书的。"他说当时他完全不了解"为什么必须念书""为什么应该要念书比较好"。

可见，关于孩子的学习，"放牛吃草"的方式对多数孩子而言，绝对是一个下策。

2.你误以为自己是学习的主角吗?

成长中的孩子缺乏分析未来的能力，没有远见，这完全合乎常理。美国国家卫生研究院曾利用核磁共振扫描了1800名青少年的大脑，惊讶地发现他们的"前额叶皮质区"竟然还没有长全，而这个区块专门负责分析事理、组织想法，并权衡行动，被称作"大脑的CEO"。

这个结果可以充分解释为什么许多青少年根本没有预见行为后果的能力，因此他们当然不会思索"今天的好成绩"对未来会有什么帮助，眼里只会看见读书的无聊与压力，于是想办法偷懒，逃避责任。然而等他们长大，能想通事理时，已经错过了很多机会，为时已晚。

因此，在孩子混沌的成长期，父母当然有责任加强孩子大脑未完全的功能，需要在一旁耐心地引导、分析事理、教导、监督，责无旁贷。

东方父母深谙此理，但是，却又出现了一群热切过头的父母。像是"虎妈"蔡美儿就明明白白地告诉大家：中国家长每天花在陪子女做功课的时间是西方家长的十倍，因为中国家长认为，孩子得A−就是坏成绩；此外，孩子的数学程度也起码必须超前同学两年。

事实上，不少亚洲家长都像"虎妈"一样，一旦投入孩子的学习，往往发疯般地走火入魔，陷入军备竞赛模式，他们总揽孩子所有学习的大小细节，承担孩子所有的成败得失。有些父母在要求孩子勤加练习时，开头都是跟孩子这么说的："帮'我'做一件事……""'我'要你……"俨然把学习的主角易主——是"他"自己，而非他的子女。

完全无视孩子为学习的主角、拥有独立人格的介入模式会造成什么结果？《爬上常春藤：培养名校生的十七个秘诀》一书写了一个令人难过的案例。

移民美国的韩裔宋先生和宋太太，为女儿珊蒂制定了非常紧凑的生活表，每天清晨五点半起床，六点至七点由爸爸陪伴做进阶数学练习。一放学，宋先生就接女儿到自己的店里做功课，晚上则要花费数小时继续指导女儿做数科习题。

他们严格执行每日的行程表，丝毫不准珊蒂懈怠。曾经有一次为珊蒂举行生日派对，两小时一到，宋先生不管三七二十一，就把一大群孩子通通赶回家，原因是珊蒂接下来必须完成排定的数学作业。

在宋先生的用心栽培下，珊蒂也不负期望进入常春藤名校就读。

但这个故事并没有完美的结局。

从来没享受过自由、很少尽情玩乐的珊蒂，少了父亲的盯梢，便像是脱缰的野马，开始到处参加派对、尽情享乐，和各种朋友厮混，甚至吸毒，最后因为成绩太差而被取消奖学金。恶性循环之下，她对学习越来越没兴趣，也失去信心，最严重的是，她和父亲的关系变得极度恶劣，最后形同陌路。

这个真实案例反映出父母在陪伴过程中最容易出现的盲点：把自己当成学习的主角，而非孩子自己；只在意最后的学习成果，而忘记孩子是否拥有自主学习的动机与乐趣。

至于蔡美儿的"虎妈教育法"，用在乖巧的第一个女儿身上完全奏效，大女儿的表现杰出、亮眼、闪耀；但用在刚烈的第二个女儿身上，却完全失控走样，母女天天吵到天翻地覆，最后"虎妈"也只得妥协，让二女儿按照自己的步调做事，决定自己的事情。

而我自己对三个孩子呢？每个孩子的个性不同，我投入的方式当然必须不同，陪伴的程度不同，介入的深度更不同，但最重要的是：我绝对不横刀夺"爱"。这个"爱"，是他们自己对学习的热爱。

我必须谨记在心：孩子永远是学习的主角。学习效能好，应该是他们自己感到高兴；学习效能差，他们的忧心当然必须多过于我；如果反过来，我的责任心大过孩子，得失心也强过孩子，那我的投入就必定大有问题。

要陪伴，不要过度干涉

每个孩子的个性都不同，父母需要陪伴孩子读书的方式与目的也就不同。

散漫的孩子若由父母稍加权威式的主导，或许能有明显的进步，但不见得学得会"自我管理"；顺从的孩子会乖乖遵循父母所有的安排而毫无怨言，但一旦离开父母的视线，也许会顿失所依，毫无自我主张；而个性强烈的孩子则根本不愿意顺服父母任何一个指导，或许反而走上"为反对而反对"的自毁之路。

这些问题的症结，都在于父母介入孩子学习之时，没有把孩子当成"第一主角"。

关于孩子的学习，父母当然必须陪伴、守候与辅佐，但请经常检视自己陪伴的目标。

一、帮助孩子及早养成良好的学习习惯、妥善规划生活作息、有效能地使用时间，并维持到长大成人。

二、"想办法引发孩子的学习动机"绝对胜过"维持漂亮的成绩"，如此才能让孩子真正地自我学习。

三、常常检视自己是否能让孩子感受到学习的乐趣与成就感，并拥有学习的信心。如果已经严重抹杀了孩子的学习乐趣，不如不介入，另外再想更好的方法或人选来帮助孩子。

四、最终目的是培养出能自我学习、自我管理、自我负责、拥有自己人生目标的孩子。

第二节 "渐进式放手"的功课监督法

教育孩子是长远大计，是马拉松，不是百米赛跑，

不该只短视地追求高分名校，而牺牲了孩子摸索"学习"的良机。

建议爸爸妈妈在中年级以后就要开始有计划地逐渐放手，

将读书方法有计划地"技术转移"。

"如果孩子老早就学会了，我不觉得孩子一定要写家庭作业！我对我的孩子就是如此！"一个年轻妈妈曾在我的演讲中非常坚定地表达此立场，因为她认为童年时光极其珍贵，大可不必把时间花在重复练习上，因此她曾几番跟班主任沟通。

最后班主任愿意让步，只要这位妈妈确认孩子该会的生字都已经会写，那生字本就可束之高阁，或者最多写一遍即可。

1.培养静心学习的习惯，从自小认真写功课开始

在当下，我虽没有立即反对这位妈妈的想法，但仍抓紧机会大力宣扬"按时写家庭作业课"有下面几点好处：

·除非老师布置的功课明显过多，否则每天完成合理的功课，能让孩子从小养成"对自己分内工作负责"的基本态度。

·每天不间断地在"固定时间"写作业，并在"固定时间"内完成，能从小养成"固定的作息"以及"每日不间断学习"的习惯。

·让孩子始终和其他人拥有相同的责任和权利，才可能养成"认真"的态度，不会随意合理化自己的"特殊待遇"。

事实上，一般小学中低年级的功课分量不会太多，至多一个多小时内就可以完成，高年级的课业虽变得深难，但应该一小时半至两小时之内也能完成。写家庭作业，目的当然是为了实时练习、加深印象，但最大的好处是养成孩子"每日在固定时段静下心来学习"的习惯。

为什么不少孩子在进入课业更为艰涩的中学时期时便无法静下心来久坐温书？正是因为小学时期没有养成良好的学习习惯。

在上一篇文章中提到的隆·克拉克，就曾列出55条超基本的班规，其中第16条就是：每个学生每天都要交每一科的家庭作业，没有例外。他特别强调"没有例外"。

2.盯好读书习惯，请在十岁前

《教有法，润无声》的作者梁旅珠人称"台湾虎妈"曾毫不隐瞒地说，自孩子上小学之后，她就盯得很紧，从小一开始，每天晚餐之后，她就会要孩子拿出联络簿，看看有什么功课，然后规划写功课的程序。

"我认为小一很重要，是习惯养成的关键期。所以从小一开始，我就盯得非常紧，这是为了让孩子养成习惯，习惯了，他们就会一直这样去做。""利用长期的反复操作形成他们的惯性，让他们学会专心和控制时间。我不希望他们边写边玩，会尽量帮忙约束他们集中精神，功课写完，休息时间再好好玩。"

但是，这样随伺在侧，要盯到何时呢？

有一年开学时，我带孩子到专业参考书店去选购自学的教辅书时，有位爸爸一口气拿了好几个版本的高中参考书去结账，老板很好奇，就跟他聊了起来，我在一旁当然也不由得侧耳倾听。

原来，这个看来挺有学问的爸爸会先把每一个版本都读过，然后汇整出一个最佳版本，每天亲自为孩子提纲挈领。当下，我佩服得五体投地，同时也自惭形秽。但是，在回家的路上，我细细思量，孩子不是已经高中了嘛，爸妈还需要这么辛苦地帮孩子读书吗？这样的做法如何引导出一个能独立自主学习的孩子呢？难道孩子上了大学，爸妈还要帮忙做笔记、天天叮咛读书吗？

没错！就有某大学的教授曾经在一开学时便开宗明义声明：禁止父母在教室旁听帮孩子做笔记。如果教出一个成绩优异但没办法自主读书、独立做学问的孩子，父母能高枕无忧吗？

3.将读书法"技术转移"，逐步放手

教育孩子是长远大计，是马拉松，不是百米赛跑，不该只短视地追求高分名校，而牺牲了让孩子摸索"学习"的良机。

父母指导孩子功课的过程中，要时时问问自己：我在送鱼给孩子吃？还是教他怎么钓鱼？什么时候不该再捧上鱼塞给孩子，而是让他自己找鱼吃呢？也就是梁旅珠所说的，要逐步做到读书方法的"技术转移"。小学中年级以后她就开始有计划地逐渐放手。

关于读书方法的教导和传授，以下就是综合许多过来人的经验法则。

*小学低年级：一起规划，使用定时器，建立时间感。

从一年级开始，就应带着孩子一起讨论每天的行程安排，指导孩子使用"定时器"来感受时间的流逝，孩子就会学着估算自己每一样功课需要花费的时间，以及如何安排时间。

*小学中年级：开始训练孩子做"周计划""日计划"。

有了低年级按表操课的好习惯以及建立好的时间感，中年级就很容易引导孩子自己做计划。将每天做功课、复习课业、练习才艺、阅读及自由运用

的时间估算清楚，再以白纸黑字写下来，然后依据孩子的学习需要，和孩子讨论每天额外的学习计划及复习科目，并且固定下来。

比如，周一到周五每天固定练习数学二十分钟，课外阅读三十分钟，其他科目又该如何安排。讨论后，请孩子自己试着做出"周计划"。

*高年级以上：让孩子自己掌握有效的读书方法。

陪伴高年级孩子读书时，不是只有"一个口令、一个动作"的单纯陪伴、监督与加强教导；更重要的是，一定需常常引导孩子去思考该怎么进行每一科的复习工作。例如，可以常常询问孩子："依据之前妈妈跟你一起读书的经验，你觉得该怎么复习？""先进行什么部分？然后呢？"

如果孩子能够很有条理地说明，不妨就适度放手，告诉孩子："既然你知道要怎么复习，那这个部分请你试着自己来研读。"并且和孩子约定好要在一定的时间内完成。

刚开始时可以做"验收"的工作，也就是考核孩子，以测知他自己复习课业的效能以及细腻度，以便找到他还需要协助的地方。如果验收之后发现孩子仍不上轨道，那就要再回到陪读引导的阶段，让孩子操练复习的步骤。而验收的范围也必须缩小，随着进步再逐步放手，并扩大范围。

*当孩子反叛，就不适合再介入。

从低年级循序渐进地陪伴、监督引导孩子读书，孩子一定会有一天开始非常厌烦父母的陪伴与介入，这是他们随着身心成长、迈向独立自主的正常现象。此时，家长势必要调整心态与做法，而不应把孩子视作叛逆、不听话。

如果孩子已经练就规划能力以及养成读书习惯，父母就要放心让他尝试自己读书，即使成绩偶尔起伏，也要以平常心看待这个自我操练的过程。但如果孩子的读书习惯不稳固，读书方法也还有盲点，但又已经进入反叛期，那么最好的办法就是适度借助外力，补习或是请家教。

如果父母执意不放手，那么关于读书这件事，必定将成为亲子冲突的大根源。

*分段式的功课检查法：从小到大，由紧到松，由细密到粗略。

比如低年级从一行作业检查一次、到半页检查一次，再到一页检查一次，再进展到一样功课检查一次，最后是全部写完再一起检查。到了初中八年级之后，则应不再帮孩子检查功课。

该复习的功课，从全程的陪伴、叮咛、教导，到一小部分验收一次，再逐步扩大范围，最后观察孩子独立自主的发展程度，最终应全然放手，从"教导者"变成孩子的"顾问"。

对于读书习惯的建立，我认为以下三点是很不错的参考方向：

·即使再没天分、再不喜欢念书的孩子，在他十岁之前若能激发读书意愿、帮助他建立学习习惯，都会比往后再伤脑筋来得轻松容易。

·想要建立好习惯，一开始若不严格而有效地执行，是无法培养的。

·实行"渐进式放手"法则最为有效。读书终究是孩子自己的事情，即使青春期以后的孩子在自我摸索中成绩起伏不定，都胜过父母过度介入。

把对孩子的期望值，调整为容易达到的标准

十个父母有九个教起自家孩子的功课都会抓狂。这正是因为我们关心自己的孩子、爱他们、希望他们成功，所以抱有一定的期望值。当我们很努力教导孩子，孩子却学不会、学不好，或根本无心学习时，我们就会动怒。

但是我们绝对不可能失去对自己孩子的期望，此时，就要想办法把"期望"变得容易达到。

以下有几种建议。

一、不要一次塞太多内容

把大范围拆开，分成几个小范围，一次完成一部分，当一个个小目标依序被攻克时，亲子双方都能感受到成就感；反之，过大过重的学习内容，会让父母焦虑，而这样的焦虑必定也会感染到孩子。

二、精神好的时候，先做困难的功课

越困难的功课，越要排在前面先做，因为孩子精神差的时候会很难专注，自然吸收力就差，此时最容易激怒父母，所以趁孩子精神最好的时候先研读困难的功课。

三、让孩子跟自己竞赛，父母制定合理的期待

为什么父母很容易生气？因为在父母眼里虽然看到的是自己的孩子，但心里却会不自觉和其他更优秀的孩子做比较。明知每个孩子都有自己的局限，从孩子平日的表现，父母也绝对可以推估其表现水平，但却很难诚实面对，因而对孩子抱以不切实际的期望。

希望孩子更好无可厚非，但最好的期望值是：孩子能够达到的水平再往上加一点点即可，这能激励孩子持续突破，但目标又不至于远在天边。一旦当孩子有机会达到新高点时，就会激励自己去尝试追求最佳表现。

第三节　如何让孩子自动爱上读书？

　　如果读书这件事，不是出于孩子的自愿，那么再多的压制与强迫，都不会产生任何正面的效果，只会引起反弹。

　　从幼时就不断引发孩子的好奇心、求知欲，并诱导他亲近文字、喜爱阅读，能为孩子往后愿意认真读书打下良好基础。

　　对于怎么都不肯用功的孩子，如果父母成天到晚叫他"快去念书"，到底有没有用呢？

　　以阿德勒心理学做理论依据的《不管教的勇气》作者岸见一郎明明白白地表示：绝不可能突然就能改变孩子。

1."念书＝痛苦"的制约反应

父母叮嘱孩子"快去念书！"，在某个程度之内的确会有提醒作用；但若是过于频繁，超过了动机刺激的顶点，就会让孩子焦虑厌烦，最终一听到这句话反而不假思索地反弹，因为父母急急如律令的叮咛已经让他们将"念书"和"痛苦"画上等号，还没打开书本，就直想办法推脱逃避。

所以，不断叫孩子"快去念书！"确实于事无补，反而会赶跑孩子的读书意愿。不少孩子一听到父母念叨就会反射性地顶撞："你愈叫我念，我就愈不想念！"此言并非气话。

在之前曾提到的《一流的教养》一书中，不少韩国的精英学生都明确表示，他们最感谢的就是爸妈不太会唠唠叨叨叫他们"快去念书"；针对日本东大高才生的调查也有相同的结果：父母不会太过频繁地叮嘱他们念书。

2.出于自愿与兴趣，才可能产生有效的动力

"学习有乐趣、有成就感"最能让孩子自动自发地读书。然而，进入到高中之后，即使学习再有乐趣，学习的胃口都难免被艰难的内容与接踵而至的考试所破坏，所以师长无不想方设法，多管齐下，只要能提振孩子的读书动机，都是好方法。

即便如此，根据研究，在尚未承受升学压力之前，孩子若是能经常感受到单纯的求知乐趣，在进入中学以后，确实会比较愿意亲近书本，产生读书的动力。

因此，从幼时就不断引发孩子的好奇心、求知欲，并且诱导他亲近文字、喜爱阅读，能为孩子往后愿意认真读书打下良好的基础。

一旦进入小学高年级，孩子愿意用功读书的动机就变得更加复杂多元。有些兴趣特定的孩子对某些科目有强烈的求知欲，自然而然就能产生学习的动机；有些好强的孩子鞭策自我乃是基于荣誉心、不服输的心态；有些孩子则可能希望获得父母持续高度的关爱而用功；有些孩子则会为了得到同窗的友谊而持续努力。

以上的动机有的根本与求学的目的无关，甚至可以说只是短视近利。但不论孩子的动机为何，我们发现都有一个共同点：都是出于孩子自己的意愿。

3.引导孩子找到读书的理由

为什么要读书？在孩子有限的人生经验里，这个问题非常抽象而遥远，你跟孩子说"是为了让人生充实有意义"，或者非常务实地让孩子提前认知到"社会取用人才的残酷面""拥有学习力对往后进入社会有绝对的优势"，孩子可能根本没兴趣听，甚至也听不太懂。

为了达到立竿见影的效果，父母只好采取非常手段——红萝卜与棒子，也就是奖赏与处罚。孩子会为了得到奖赏而读书，也会因为害怕受罚而不得不用功，但是当孩子因而愿意用功、也得到好成绩之后，父母要持续引导孩子去思考"为什么要读书""为什么读书对未来的人生很重要"这些最核心的问题，因为唯有厘清目标，孩子才可能持续不断地努力。

毕竟，随着孩子逐渐长大而有自己的想法与目标，总有一天，再多的奖赏或再严厉的处罚都将不再奏效！

4.让孩子自己想通，是场长期抗战

我有位亲戚的儿子，在初中时只对一件事情有兴趣，那就是打篮球。每天一下课就迫不及待地冲到操场，打到天色昏暗还舍不得回家。

在平常询问孩子课业的对话中，这位爸爸当然清楚儿子根本连书都懒得碰，他看在眼里也非常忧心。但是他非常清楚，说得再多、骂得再凶都没有用，因为眼前的儿子只听得进与"篮球"有关的事情。

他说："我非常清楚，骂他、逼他，只会让他觉得读书就是件很痛苦的事，一点效果都没有，只会把青春期的孩子愈骂愈远，所以我不断提醒自己一定要忍住，但我总是找机会和他分析'读书与不读书'的现实差别，其他讲再多真的一点用都没有，我只能默默等他自己想通。"

当然，这个孩子考高中时考得糟透了，放眼望向身边的同学，他不免自惭形秽起来，爸爸过去理性的分析此时自动地跳了出来。想着别人或许都拥有灿烂的未来，他开始为自己担心起来。

于是进了高中之后，不待任何人催逼，这孩子完全大转性，每天一下课就钻到图书馆里读到筋疲力尽才回家，最后，他考上一所还不错的私立大学；而进入大学之后，他又发现大家都来自排名不错的高中，这更促使他自我鞭策不能停止努力，甚至期许自己要更上一层楼；大学毕业后，他又考进了一所非常优质的公立科技大学。

有多年辅导青少年经验的畅销书作家卢苏伟，在读高职时喜欢上写作和哲学，所以决定要报考大学的哲学系。但没想到联考却一再挫败，竟然七年内考了五次才考上。支撑他坚持下去的最大力量，就是"自己想要"，因为他对梦想有极强大的信念。

他说："我不只是'想'，而是'我一定要做到！'我为我自己出征，我为我自己的梦想在打拼。"

奖赏或处罚，或是为了赢得父母或同窗的关注，都可以非常有效地诱发孩子用功读书，并展现强劲的毅力，但若是没有好好去理解"为什么"，只是一味死命地拼成绩，即使考上好大学，也很可能因顿失目标而失去读书的动力。

如何在学习上助孩子一臂之力？

孩子不爱主动念书，该怎么办？以下几点，是爸妈能够做的。

一、父母身教

如果父母能以身作则，将会比用嘴巴强迫来得有效果，热爱学习的父母，绝对能带动孩子也投入学习；喜爱阅读的父母，孩子自然能受到潜移默化。

喜爱学习与思考的父母还有一个非常值得借鉴的地方，就是常常会问孩子问题，以刺激好奇心、思辨力、求知欲，自然而然就带动孩子的学习力。

二、打造适合学习的环境

除了表现榜样的作用，父母还需要为孩子打造一个能安于学习的环境，比如能安静端坐、不受信息产品干扰的书房、无多余物品的桌椅。

同时，全家若能每天在同一时段一起专注读书，由整体情境来带动孩子，自然能养出孩子的好习惯。

三、与同学一起努力

有些孩子无法久坐读书乃是因为耐不住孤单寂寞，帮这类孩子找到读书动机强烈的好朋友，一起做功课、彼此激励，会是好方法。

我家第三个小子从小学四年级开始，每周三读半天时，就会号召四五个同学来家里一起写功课。为了能争取更多玩乐的时间，他们会彼此叮咛要尽快完成作业，而且写完之后还会彼此对答案，看看谁能全对、谁又错得多，无形中起到彼此督促的作用。

没想到在好几次考试中，这几个一起读书的孩子都考得很好。我私下偷偷打听才知道，原来每个人都很怕丢脸，担心自己会成为这群学伴里表现最差的一个，所以都比以前更加用功。这结果真是出乎我的意料！

第四节　烂透了的成绩，反而让大脑活起来

如果不是考卷上被打了那么多个"×"，

孩子也不会有机会思考并解决"考不好"的问题。

这就是他们需要的当头棒喝，

也是让他们能痛定思痛、自我检讨的转折点。

孩子总会有考坏的时候。当成绩不理想时，我们多半一看到考卷，就会忍不住跳进错误里，一题接一题地帮孩子检讨起来。

或许我们分析得精准无比，讲解得鞭辟入里，但是真该如此积极进取的主角可不是我们父母，而是孩子自己。只有经由孩子自己苦心思索，才会归于他自己所有。让孩子自己想，自己讲，他们才会记住自己的错误。

1.考坏了，亲子共学"接受、面对、处理、放下"四个步骤

有一次，就要期中考了，当时念五年级的小儿子，那一周在学校每天都有复习小考。某天他回家后，摊开一张分数有点吓人的数学总复习考卷给我签名。在我还没来得及看清楚考卷的分数和错误时，小子就先慢条斯理地发表了一场"收惊演说"：

"马麻（妈妈），这张考卷是老师自己出的。第一，有两面，题目非常多，要在一节课里写完，所以时间非常赶。第二，题目都比一般统一式的考卷更难，我没有那么多充裕的时间可以思考。第三，因为题目多、时间赶，又有新的题型，所以当场我有点慌张，连原本会的都粗心弄错了。这就是为什么我考不好的原因。"

小子镇定从容又不带任何羞愧的神色果然奏效，妈咪我一时之间语塞，原本那可怕的分数应该会引发的肃杀僵凝气氛，得不到一丁点孳生的空间。

小子得以顺利地继续分析："马麻（妈妈），你能不能帮我找到更多不同的题型，但是不要再给我计算题，或是很多很烦的数字，我的计算能力已经很OK。我现在的问题是，我一看到没有看过的题型就会紧张，然后就以为自己不会。其实，我事后看看，再冷静想一下，就想出来了，只是，看过的题目不够多，因此我会愣住，脑筋立刻打结，没办法一下子反应过来，我需要

一些题目来刺激我快速地思考。"

以往，如此头头是道的分析似乎是妈咪我的工作，也就是看到孩子的"学习问题"后，总是顺理成章地就跳进问题里，不假思索地帮他们思考起解决之道。

但这一次可不同，小子自己分析完问题的症结点之后，已然进入了"思考对策"的层次。既然他已把妈咪我惯常爱捡来做的工作全数表达完毕，而且条理分明，也就是该检讨的都被检讨完，也清楚地做了结论，我当然就只有平静地做一个"乖乖签字"的简单动作。

签完字，心里想，这小子高招啊！那么烂的分数，竟然还可以把妈妈的毛梳得服服帖帖，完全堵住我任何一个可能动怒的气孔。

不仅如此，这张不忍卒睹的考卷、令人心碎的分数，通过儿子恳切的自我表述，亲子双方还一同经历了"接受、面对、处理、放下"这个完美解决问题的步骤。

2.每一个"×"，都是孩子学习负责与解决问题的起点

在求学阶段，不论小学、初中、高中，天天都得面对分数。事实上，没有孩子完全不在乎分数，对于自己考砸了的可怕分数绝对不可能不痛不痒，特别是已经努力用功却仍旧得不到好成绩时，必定会感到相当失落，这是人之常情。

此时，千方百计告诉孩子，不需要那么看重分数，对抚平他内心的失

落，不会有太多的帮助。而当下求好心切地百般责问，亲子关系更会随着烂分数一同被埋葬！

粉饰太平地忽略孩子的感觉，不如正视孩子的感觉。而孩子情绪上的模糊感觉若是能化为具体的思考分析、思索对策，才是具有意义的感觉。

这次，小子问了自己为什么考不好？然后由自己一一把问题找出，接着，再问自己："该怎么办？我需要什么协助？谁能帮助我？"

看到这个层面，顿时，我觉得考卷上处处被打着的大"×"都在发亮！如果不是被打了那么多个"×"，孩子就没有机缘去思考自己的问题所在；最重要的是，他得到了机会去练习细腻地思考问题，分析问题，并且进展到"解决问题"的层面！

在我看来，孩子能冷静地问自己问题、找到自己的问题，并且思索有效解决问题的策略，可比得到漂亮的100分更值得我赞赏与放心！

当孩子遇到瓶颈，先别急着跳进去帮他找问题，引导孩子自己问自己，问题到底出在哪儿？用对话引导孩子自己去思索解决之道，或许比我们急着帮他出手更能让他深刻厘清问题、有效处理问题。

正当我欣喜遇见孩子隐藏在烂分数下的责任心与分析力之时，小子竟又跑过来丢给我一个要求："马麻，刚才我不是说到我看到一大张考卷时会很不习惯、很紧张吗？你有没有办法帮我出一大张密密麻麻的考卷，让我更习惯一点？"

除了面对问题，小子还懂得寻求援助，态度诚恳又敢大胆开口，这等精神，当然值得"自助者'妈'助"的待遇啊。于是妈妈我真的很认真地响应孩子的需求，把数学习作、相关考卷上的题目改了数字，有些题目则稍作变化，给孩子出了一张独一无二的模拟试题，妈妈我的认真响应更进一步激起了小子挑战自己的斗志！

有妈妈听到我说这段插曲时，都认为那是因为我生了一个有上进心的乖孩子，如果是她们的小孩，别说要求妈妈帮忙出题了，光是要他们好好订正错题，都得使出杀手锏。

喔，我家可没有半个学习模范生。事实上，大多数时候，小子们对于自己考试所犯的错误根本不痛不痒，虽然很多时候分数不漂亮，但也没看到他们的警觉心，所以，多半抱着得过且过的心态，直到惨不忍睹的分数赫然出现，满脑子才响起"当当当"的警钟。不少孩子都是"不见到棺材不掉泪"的，所以别怕他们偶尔考砸，这就是他们需要的当头棒喝，让他们痛定思痛、自我检讨的转折点！

抛弃"梦幻的期望"，给予"合理的期待"

看孩子的模拟考成绩，可不像欣赏孩子满怀热忱自动投入的兴趣般轻松自在。即使在大多数时间，我是个明智而透彻的家长，但随着孩子忽高忽低的分数、忽上忽下的排名，向来对孩子的赏识偶然间也会不自觉地变调，一声声忧心的叩问还是情不自禁：

"怎么办？都要考试了，成绩如此不稳定，有什么问题吗？"

"有没有要帮忙的呢？"

"是哪边读不通呢？"

"有没有把错误弄清楚呢？"

然而，我没想到，眼前的孩子竟气定神闲地回答我："妈妈，你看得出来我已尽了该尽的力，所以你所看到的成绩，或许就是我能达到的程度。当然，我还是有机会考得更好，但是，我似乎愈来愈清楚自己的极限，好像很难出现非常神奇的突破。因此，我希望妈妈你能对我抱以'合理的期待'！"

原来，孩子令我焦虑的分数水平并没有让他失去平常心，正因为每一次能冷静并勇敢地正视自己努力的成果，不高估自己的表现，也不放任自己随波逐流，所以孩子比妈妈我更能淡定以对。

孩子能清楚认识自己、接受自己，让"自我认知"与"自我期许"没有太大的落差，才可能不卑不亢、勇敢地面对每一次挑战。若设定一个远在天边的远大标准，孩子只会在一次次的落差中看到自己的低下与落后，当然就会愈来愈否定自我，害怕挑战。

始终乐见孩子投注心力去"感受自己"的我，时时都会提醒自己：在"读书考试"这一个领域，同样要鼓励孩子去感知真切的自我表现水平，鼓励孩子感受每一个层面的自己，尽心尽力为自己的每一层面负责，发现每一层面的美好！

第五节　与分数和平共处

父母不渲染考试、不强化分数，

孩子反而在考试时能坦然且放松，而不容易失常，

也能让他将注意力放在学习的过程中，而不是被成败绑架，

如此，他的学习之路才能走得又稳又远。

亲子关系什么时候会开始破裂？答案是：小学一年级的第一次期中考！

不少在孩子小学前主张"快乐学习"的爸妈一看到孩子拿了九十分的考卷回家，就不由得唠叨："这么简单也会错？"再听到班上好几个同学科科一百分，不免又脱口多责备了几句："你们班上一堆一百分的，怎么就没有你呢？"若再摊开考卷一看，孩子每一题都会，却都是粗心出错，就更火冒三丈了！

从此之后，亲子之间就多了这一道习题：分数。

1.分数是离间亲子关系的杀手

分数是一把双刃剑，既是学习上不可或缺的最佳反应神经，也是离间亲子感情的大杀手。因此，孩子进入小学后，如果父母没有意识到要学会健康、正确面对孩子的分数，孩子也没有学会乐观地与自己的分数和平共处，那么亲子关系便会紧张。

乐观、淡定地看待分数，绝对不是抱着无所谓的心态。在目前一片推动"翻转教育"的声浪中，不少父母错误解读以为从此可以弃成绩于不顾，于是不论每一次孩子的测验结果如何，皆不重视、不检讨、不追究，孩子学习上的瓶颈，当然就无法被发现，更可能愈积愈多，而再难突破。

另一种相反的态度则是非常严正地对待每一次大小考试的成绩，只要有一次失常，就仿佛世界末日，直接连接到非常失败的自我形象。

我对孩子的课业一向有一定程度的要求，也不假思索地用相同的标准来监督三个儿子的学习成果。但是，有一天我恍然大悟，这样做绝对有问题！

2.当孩子的同学说："他说一定会被你狠狠揍一顿！"

小儿子钧钧从小一开始，不论大考、小考，一放学，都还没进门，就会急着跟我报分数；而才坐下来，他就急着拿出考卷告诉我有哪些地方考坏，把考试看成天大的事。

当然，看到不该错而错的地方，妈妈我会忍不住连珠炮，有时候看到因为粗心就失掉了十多分，相当气结，难免严加斥责，以为这样能杜绝钧钧的失误。

有一次期中考刚考完，我在路口值勤交通导护，隔了四米，我看到钧钧和同学一起走向我，当下那位同学大声爆料说钧钧的数学考得惨爆了，竟口无遮拦道："钧钧说你一定会狠揍他一顿！"我当下既错愕又尴尬。

接着，我便心不在焉地指挥交通，直想着这胡说八道的孩子到底在想什么。

然后，一连串这小子紧张报分数的画面一一闪现，面对自己粗心错误却不知所措的彷徨小脸印现在我的脑际。我这才意识到，两位哥哥可不曾有过这些反应，倒是钧钧，因为是老幺，特别黏妈妈，也特别在意妈妈的反应，而我也始终用相同的标准来要求他，造成他得失心颇重，生怕失去妈妈的爱。

原来，这孩子比我还在乎成绩；考坏了，他的自责更甚于我；每一次，我的反应都被他放大处理，他还没被分数打败，就先被我的反应击溃。

我这才大梦初醒，面对得失心如此深重的孩子，可得沉着以对。

这类过度渲染成败的孩子特别需要家长的淡定，他们需要一股平衡的力量把他们拉回正确的自我形象，以保持健康的学习心态，以免压力过大而身心失衡。

从此，每次钧钧要跟我报分数时，我也不特别阻止，就轻描淡写地说：

"嗯，好，你先洗手吃点心再说！"

当钧钧抱着烂分数一脸颓丧时，我也故意先回避，并刻意提醒自己平和响应："你先自己订正一下，把错的弄懂就是了，我忙完了再来看喔！"

而对于钧钧层出不穷的粗心大意，我也发现，多年来，无论千叮万嘱、责骂处罚，一点用也没有，除了想方设法，比如提醒他圈点细节、边抄写边检查之外，对于专注力、自我控制力还在发展中的钧钧，我试着用正面幽默的方式响应。

我最常说的一句话是："十年之后，我们家就会诞生一个数学天才，因为那时候你的粗心就痊愈了！"

3.尽力达到的位置，就是最好的位置

我家三小子在读书方面都不是尖子生，都必须下苦功才能获得相对应的成绩，甚至有时候"一分耕耘，却得不到一分收获"。

大部分的孩子也都属凡夫俗子，学习过程都逃不出这样的磨难。因此，我觉醒到有两件事是父母一定要认真学会的：帮助孩子找到自己的定位，以及帮助孩子制定最合情合理的目标。

有天，凯凯因模拟考成绩起伏不定，担忧地问我："妈，如果我该读的都读了，最后仍考得不尽理想，该怎么办？"

我回答："不怎么办！要不然哩？"

话锋一转，我接着说："但是，你要扪心自问，是否问心无愧，真的尽了

力？是否针对问题彻底检讨？学习上有瓶颈吗？有想办法克服吗？是否需要协助，也愿意敞开心胸一试呢？如果反省自己，确实尽心尽力了，那么那个结果，对你而言，就是最好的结果。"

经过无数考试之后，有些人会发现自己很会考试，但有些人却不见得。很不幸的，在学生时期，人们会把'考试能力'当成最重要的指标。既然你身在其中，那么这段时间，务实地用功、尽力去磨炼一定的'考试能力'是必要的。"

我接着提点他认清、并接受在考试制度下自己所在的位置："依照'考试能力'产出的结果，你会被暂时放在一个相对应的位置，不论位置高或低，只要是尽心尽力取得，就是'最好的位置'。因为，那就是在此阶段'最适合你的位置'！"

但我也必须让孩子清楚，这只是个"暂时"的位置："妈妈同时要告诉你一件幸运的事，那就是离开学校，你会发现'考试能力'只是诸多能力中的一项而已，社会要的，远超出此单一能力，比如领导力、创新力、沟通力、表达力、合作力、毅力、灵活度等。

"听到这儿，你可能会松了一口气，但我要说的是，社会要求的能力指标对大多数人而言，反而是更严苛的，竞争也更残酷，到时候每个人的位置，就不是简简单单一个'分数'所能决定，而是在社会上真正能适切存活的'生存能力'。

"进入社会后，我们每个人同样也会被放在一个相对应的位置，届时，你依然需要成熟豁达地去面对——只要是尽力达到的，就是最好、也最适合你的位置。"

强摘的果实不会甜。无所不用其极地硬把孩子推进精英学校，固然可喜，但也有可能是孩子无法消受的噩梦开始！

父母必须不断借由平日的大小表现，对孩子做适当的判断，接受他的平均落点。因为，这样才能协助孩子认清自我、制定适当的目标，也才不会患得患失；而父母对孩子抱持合情合理的期待，是保持淡定的第一步！

4.让努力的傻劲，变为成功的冲劲

在九年级屡次受到模拟考重挫的凯凯，每次一考完模拟考，脸上总是挂着一抹自然又轻松的笑靥，但是却一次次吐出非常沉重的话语。

第一次模拟考，他跟我说："马麻，我考得还好，但不如我自己的预期。"

第二次模拟考，他则说："妈，这次考得比上次糟一些！"

第三次模拟考，他又堆着诚恳的笑容据实以报："麻，这次是我有史一来考得最糟的一次！"

到了最后一次，不待他开口，我也早就猜得出他的答案，他再次轻松自若又直截了当："妈，其实这次才是最糟的！"

随着模拟考成绩，我已暗自在心里不断降低了凯凯的目标志愿，但我从未开口给这孩子任何的要求、打击、威胁或责骂。不过，这小子每一次考完，似乎丝毫不受任何影响，每天该读的书没少读，该检讨的错题也很认真地订正。

有一天，我无意中翻到他做过的数学模拟考题，每个错题本上面都有三种笔色——铅笔、蓝笔、红笔，封面都写着这三种笔色大大的"OK"字样。

他跟妈妈我解释道："我的数学老是考不好，我知道自己不是考试天才型，所以每一个错题都逼自己重做三次！"

这等傻傻的精神我看在眼里，着实感动，还有什么比此更难能可贵？诚如《恒毅力》这本书里所证实："努力的精神比天分更有用！"而愿意持续地努力，正是因为始终相信自己，因此能乐观面对各种挑战！

家里三个孩子在学业与考试上都属于必须辛勤耕耘的"地才"，但是从每次凯凯毫不隐瞒真实成绩的自若反应、谈笑如常的诚恳表情中，我意会到我能给三小子学习上的最大礼物，就是这等坚实的"自信"与"乐观"。

人生何处不崎岖？乐观与自信，就不会轻易放弃，不放弃，终能累积，能累积，终有所获。皇天不负苦心人，凯凯最后竟然考进了声望很不错的学校。

5.读书目标，这样设定才有效

有些父母以为给予高额的奖励，就能激励孩子追求好成绩，但事实不然。如果目标太过远大，无论给予多大的奖励，孩子根本事不关己，因为他根本够不着边，反而会因为重大的目标压在心头而惴惴不安。

设定过高的目标完全无法达到激励效果。能真正激发孩子学习的目标，具有下列三个要件：

· 具体的目标

· 具有挑战性

· 可以达成

什么是具体的目标？像是：要再用功一点、要考好一点、速度要加快、不可以粗心大意等，这些都只是笼统的形容词，绝非明确的目标。针对要改善的地方，必须要投入的努力，实际量化成"可以辨认的数字"。

比如，每天要增加多少复习的时间？特定科目要额外花费多少时间复习？如果要加快速度，则要制定明确的目标，比如，"三十分钟须完成多少题"。像这样，有明确的数字，孩子才能每次检视自己是否有进步。

而要提升成绩，则要和孩子讨论目标，是要进步十分，还是从B++进步到A？孩子才能依此调整投入的程度。

再者，目标要具有挑战性，但又不是远在天边的神人标准，而是孩子可以达到的范围。如此，孩子才可能勇敢怀抱希望，愿意下工夫。

给奖金的技术与艺术

读书，当然不是为了拿钱。但面对怎么都提不起劲来读书的孩子，或许诱之以利，送奖金、给奖品，是启动他愿意尝试用功的少数方法之一。这也许不是最好的策略，但总强过袖手旁观，或不知所措。

孩子的动力虽然来自奖金，但若因此能尝到成功的甜头，就有可能建立对读书的信心，也容易进一步养成固定的读书习惯。当形成一种良性循环时，孩子或许才有意愿去思考"为什么要读书"这个问题。

针对用奖金来鼓励孩子读书，在《教育经济学》一书中用科学数据显示有正面效果，但也有几个值得注意的结论：

·奖励"考试成绩"的效果，不如奖励"在读书过程中的投入度"的效果，也就是鼓励孩子每日按时将作业完成、认真地复习课业，才能累积稳定扎实的学力。

·在学习过程中，若孩子无法掌握有效的努力方法，则"考高分就发高额奖金"的方法依然不可能提升成绩。针对孩子学习上的困境给予指导与协助，奖励才可能有效。

·较小的孩子，不妨使用金钱以外的奖励；针对高年级以上的孩子，发放现金则更具激励效果。

·以金钱引诱孩子读书的同时，不能忘记要引导孩子感受"读书本身的乐趣"，这才是重点，比如解数学难题的成就感、对文字掌握的乐趣、透彻理解历史来龙去脉的好奇心等。

·同时教导孩子金钱的价值、善用自己的奖金，做聪明的消费，或做储蓄投资理财，是孩子得到奖金后的附加学习功课。

第四章

虽然无法翻转教育体制，
孩子也能乐在学习

第一节　补习，真的"有补有保庇"？

过度补习最严重的问题，就是学生完全没有时间再自行思考整理；

而且，天天为了赶着上课，可能一整天根本没能好好吃顿饭。

长期拖着疲累的身体，吃不好、睡得少，当然效果就会打折扣。

我家附近有家面店的老板，花了大把的钱让女儿补习，从七年级开始，语、英、数、社、自，每一科都不放过，但最后会考时成绩竟不尽理想，这位爸爸只得再花一大笔钱把孩子送进私立中学。

对此，他苦笑说："现在我才觉悟，补习是补心安的！"

1.补习过量，成绩不升反降

补习真的没有效果吗？但岛内多个研究都显示，补习是具有效果的，结论如下：

· "有补习者"的成绩普遍比"没补习者"来得好，但是"每多补一科，成绩的提升则会递减"；并且补习科目过多，则整体成绩不升反降。

· 孩子"自发性"地选择补习，效果优于"被动补习者"。

· 初中一年级若每周补习超过十二小时以上，学习成效呈下滑趋势。

· 高中的补习科目数，对学测成绩及进入公立大学概率的影响，呈现"先升后降"的趋势。原因是，补习科目过多，就会剥夺复习的时间。

从小学高年级开始，课业就开始变难，家长慢慢插不上手。到了初中，家长更无法再担任孩子的万事通，如果放任孩子闭门造车而不帮忙想办法，孩子的学习很可能愈来愈差。

一条路走不通，该不该思考其他的方法？绝不补习是对的吗？

2.补习也需复习，才能融会贯通

咱家小子有一位同学在七年级时成绩还不错，而这个孩子的妈妈一向排斥补习，坚持孩子要靠自己来学习，而且也不希望冗长的补习打乱了作息。

但没想到，到了八年级，这个孩子碰到了理化却束手无策，即使上课认真听讲，也把握机会请老师解答，但成绩却每况愈下。这位同学愈读愈心慌，几乎想放弃理化。

最后，这孩子自己去打听了一个风评不错的补习班，于是鼓起勇气和妈妈说想试着补习，没想到才试听一堂便觉大有帮助，持续补习后，成绩提升了，也重拾了信心。

这印证了前述研究的结论：适当的补习，确实能提振学习成果，甚至提升学习的动机与信心，而这个孩子的补习乃出于自愿，主动补习效果会更好。

而前述那位面店的孩子，为什么补习效果差？对照研究结果，原因很可能出在"过度的补习"。

补习一坐就是三小时，回到家将近晚上十点，吃个点心、洗个澡，已近十一点，几乎不太有时间复习学校的课程，然而初中几乎天天都有测验，若是每天晚上都耗在补习班，势必无法兼顾学校的考试。

即使补习，学生也必须在课程之后花费时间，自己再思考与反复练习，才能将内容彻底融会贯通。不论补习班老师有多神，如果上课恍惚、回家也不复习，那么世界名师也爱莫能助。

过度补习的最严重问题，就是学生完全没有时间再自行整理思考；而天天为了赶着上课，根本没能好好吃饭，长期拖着疲累的身体，效果当然打折扣。

如果补习又是父母所命，而非孩子自己切身认知到的需要，那么更难做到"上课认真听讲，下课努力复习"。

3.择科补习，大胆让孩子磨炼自我学习的能力

我家小子们刚上初中时并没有补习，但是多位过来人都跟我强调初中

课业艰难、进度又快，建议孩子最好从升初中的暑假就开始补习；如果不补习，也一定要先行预习，特别是数学、生物，否则开学后可能跟不上。

但是我一直憧憬着孩子的初中阶段作息正常，所以一开始并不打算让孩子补习。我提醒他们上课一定要专心，回家则要按照进度复习。我一面尽责地鞭策，一面观察孩子的需要。

老大翔翔直到八年级时发现学习理化有瓶颈，但又不太适合大班制的学习，于是延请了一对一的理化家教，其他科目则维持自己研读。翔翔虽不是念到顶尖，但大致能维持一定的程度。

我曾问过翔翔会不会后悔没有补习，没想到他竟然感谢我没逼迫他非补习不可，这让他有机会摸索自己的读书方法。尤其是几乎人人都补的"数学"，因为他没人可帮，所以上课时特别专注，回家则硬着头皮做题目，这成就了一段自我学习的过程。会考时，翔翔虽没拿到A++，但抱了一个代表他自己真实力的A+。

而老二凯凯也依循着哥哥的步调，先不急着补习，而且除非他主动发问，否则我都交由他自己摸索负责。

有一天，我问凯凯："生物是一门新的科目，内容既庞杂，考题又灵活，为什么你从来没问过我任何问题？"

凯凯竟然回答："因为我觉得你应该早就忘光了啊！"我"扑哧"一笑，原来孩子认为妈妈早已江郎才尽。正因为凯凯觉得妈妈不再可靠，所以硬逼着自己认真复习，这迫使他慢慢练就自我统整的能力。

不过到了九年级进入准备会考之时，平时小考还不错的凯凯一面对大范围的模拟考，就显得力不从心，他愈考愈没信心。此时，身为家长的我当然不能置身度外，一定要适时伸出援手。

善于反省的凯凯看到了自己的弱点，就是当考试范围变大时，灵活度较低的他就会迷失在广大题海里，即使所有的原理都已经弄清楚了，但变化多端的题目却让他反应不过来。

于是，九年级下学期时，凯凯自己要求参加考前统整班，希望借由补习班灵活多变的题目来增加判断考题的灵敏度。

孩子对自我有期许、能找到自己的问题并尝试去克服，值得嘉许，而唯有学习的问题获得解决，孩子才可能重回良性的循环。此时，我不会反对凯凯补习。

4.别让补习班的"懒人包"教学，剥夺孩子的自主学习

上补习班的确有些好处与优点。

补习班的目的就是要有效提升学生的成绩，因此一定会把学习内容打包成条理分明的"懒人包"；为了增进学生的作答速度，也将题型分门别类，并传授快速解题法；为了让学生系统地复习课业，会帮孩子规划进度，孩子只需按表操作，就能完成所有进度。

此外，补习班还能杜绝孩子玩手机、防止分心；而且补教老师多半活泼风趣，上起课来还穿插笑话，让课堂绝无冷场。

看起来，补习应是利多于弊。但也有研究显示，补习未必是每个人的万

灵丹。"原本习惯补习的孩子"若停止补习，成绩当然会下滑；但是，"原本依靠自己研读的孩子"若改成上补习班，成绩竟然也下滑，这显示孩子都有适合自己的学习途径，无须一味高估补习的效果。没补习，孩子未必就读不好，孩子若能依靠自己，就应该大胆给予他们自我摸索的机会。补习，可不是"有病治病、无病强身"。

综合以上，补习班包办了孩子最不擅长的部分：规划进度、统整信息、解决问题、时间管理、自我控制，但所有这些也正是孩子最需要被磨炼的部分，当补习班补足学生的不足之时，也正剥夺了他们自我规划与自主学习的机会。

因此，如果观察到孩子在某些领域能依靠自己、且维持一定的成绩，不妨就把这些科目当成他们磨炼自我学习力的最佳园地吧！

上补习班该有的五种心理准备

一、补习绝不可能把每一个孩子都补成高材生

补习虽能提升成绩，但孩子的成绩分布有一定的落点范围，父母要坦诚面对并接受。

二、让孩子自己意识到补习的需要

由孩子自己提出需求，孩子才会珍惜补习的资源，而不是视作理所当然。

三、过度的补习绝对有害而无益

未留充足的时间消化与复习，无论对提高成绩或掌握学习方法都没有帮助。

四、技术转移补习班的统整归纳方法

在深度依赖补习班的同时，也要引导孩子思考补习班如何帮助他们规划进度、统整归纳，这更是必须吸收的技巧。

五、补习不是补心安

如果一段时间之后没有效果，则需当机立断，另寻其他的补救办法。

第二节　考试技巧是可以练习的

就算不认同考试，也要学会"克服"考试。

其实，考试就如同使用工具，能借由不断的训练获得手感。

虽然"努力学习"和"考试技巧"是完全不同的两件事，

但这两者若可相辅相成，就能提高考试分数。

钧钧小子中年级时遇到了一个并不喜欢频繁考试的老师。学校订购的复习考卷，老师都当成回家功课，因为他认为，有去上安亲班的孩子早就写过这些坊间的考卷，对于没去上安亲班的孩子不太公平。这位老师只有在大考前，会自己亲自出题做总复习考，目的是为了让孩子熟悉考试的形式与题型。

这位老师也问过我："你会给孩子做评量吗？你赞成平时考试吗？"

对此，我毫不犹豫地回答："赞成！"

1.努力学习+考试技巧，是拿高分的诀窍

老大刚上小学时，我是极度不赞成孩子写评量，更反对不断考试的自由派家长，因为我认为孩子按时写作业、按日复习，就已展现对课业的负责，无须再把大好时光耗费在重复练习之上。

但每每大考后，孩子看到自己的分数总是非常沮丧，因为他不是不努力，更不是不会写，而是不熟悉考试的形式与出题的趋向，也就是不善于考试。

光是要弄清楚每道大题在考些什么，以什么方式应答，就耗费了大把心神；而一下子面对一大张考卷，到底能否写完，或者对于每一大题的时间究竟该怎么分配，也毫无概念。于是，一拿到考卷就从头紧张到尾，原本会写的，头脑也突然短路；平日鲜少练习一口气四五十分钟高度集中精神的孩子，往往写到后半段便难以集中精神，于是出现各种奇怪的错误。

以上这些都是关乎考试的技术问题，与有没有扎实复习课业没有关联。如果在短短的考试时间里，孩子能够熟悉考试的形式、掌握时间的分配、书写的速度、熟悉题型与出题脉络，必定能在考试的当下减轻大脑的总负担量，而能将精神单纯集中在思考、推演，以及从记忆中抽取已储存的信息。

淡江大学的一位教授在给《写给孩子的准备考试的诀窍》这本书所写的推荐序里说道："人生既然不可避免要面对各种考试，那么，学会考试技巧的重要性不言而喻。"他自己学了客语之后，就去参加客语检定，成绩高达92分。

117

对此，他认为："如果我没有运用考试的技巧，分数可能只有80分；但运用考试技巧后，我考了92分。"所以，"努力学习是一件事，考试技巧则是另一个功课，这两者若可以相辅相成，就能提高考试分数"。

2.不认同考试，也要学会克服考试

每一次学测或会考出现榜首，就会成为万众瞩目的大英雄，镁光灯下他们却不约而同提出制胜的关键："一定要多做题目，训练手感！"所有人听了都点头如捣蒜，没有任何异议。

还有一位考上台大电机系的同学分享自己的绝招："考前20天每天都要做模考题，情况允许的话，语英数自社都各写一回，语文作文和英文作文每天可以择一来写，让考学测时能像做模拟考一样轻松。"

可见这些能争取到最优教育资源的"高材生"都耗费了大把时间与精神在重复练习之上，才获得了好成绩。这就是因为熟能生巧，速度加快，对某些题型已塑造了固定的反射反应，不仅正确率提高，更能省出时间去思考艰涩的题目并检查。

盛治仁先生曾说："就算不认同考试，也要学会'克服'考试！"对此，我深有同感。如果无法脱离考试制度，当孩子日渐长大，就必须一次次接纳"分数"对他学习成果鲜明而直接的宣判；如果潇洒地对"把试考好"不屑一顾，当然就得接受被分数判决的残酷现实！即使已经实施多元免试入学方案，升大学也更重视多元表现，但是分数仍旧具有一定的重要性。

3.正向看待考试的魔鬼训练

综合所有考试高手的心得，原来考试就如同使用工具是一种技能，得不断训练手感的。然而这项技能除了能为个人争取到好学校、教育资源，到底未来能对国家社会有什么实质的贡献呢？没有，真的没有！

因此写到这儿，我也必须承认，考试制度发展到极致会逼使学生走火入魔，完全扭曲了学习的本质。所以，我坚决反对初高中六年牺牲所有的兴趣、社交与休闲活动，只为练就炉火纯青的机械式考试技巧。

人到中年以后大约不难发现，事业有成者，往往不是学生时代名列前茅者，反而是成绩不如他们的同学，"考场上得意，职场上失意"这种现象说明了考试虽能筛选出最善于考试者，但是真正能担当重责大任的诸多能力却是考试考不出来的，所以绝不值得把所有的青春岁月都变成苍白的寒窗苦读。

另一方面，初中会考与高中学测的成绩仍是关键评比项目，而大考确实只有一次机会。因此我也绝不反对在"九年级"以及高三此关键的两年，提高"升学准备"在生活中的比重，甚至换个角度来看待考试。

不少过来人还发现，经过考试的魔鬼训练之后，某些能力竟明显提升了。例如，为了在期限内完成进度，磨炼出更强的计划性与意志力，拥有按部就班完成进度的耐力；一次次长时间的应考，不断延展自己可以全神贯注的时间与稳定度；视觉追踪力变得快狠准；雕琢出阅读的细腻度；常常在强压下解答复杂艰涩的问题，大大提升了推理归纳的效能等。

考试能力 ≠ 做学问的能力

这两年，不少明星高中对于大学增加繁星入学的比例表达抗议，原因是不论高中的声望如何，只要学生在自家学校的排名以及学测特定科目达到标准，都有资格申请进入自己的理想科系，因此出现了卓兰高中一位学测只拿到48级分的同学跃入台大之门的矛盾事件。

前段高中学生拼死拼活拿了好成绩最后却没有如此好的待遇，更要辛苦拼指考，实在令人愤愤不平。大家的疑问是：即使是前段高中的后段生也不可能输给学测成绩平平、侥幸进入名牌大学的非明星高中学生吧？这太不公平了！

奇怪的是，根据研究，在大学里的表现，通过繁星入学的学生，总体表现竟然比通过指考入学者来得好！

近三年，在所有大学排名前5%的学生，通过繁星入学者，占17.19%，通过指考入学者却只有9.6%；而被退学的比例，繁星入学者占3.17%，指考入学者却高达10.27%，这完全打破了"分数高＝学习好"的迷思。

原因何在？引发全球教养大震撼的《孩子如何成功》一书，便反映了美国类似的状况。

高中在校平均成绩保持稳定水平者，未来能从大学顺利毕业的比例较高，因为"高中在校成绩所反映的，不仅是对于学业的精通，更反映了学习动力与毅力，以及是否拥有优秀的学习习惯与时间管理技巧"。

这可以用来解释为什么在校平均成绩好、通过繁星上名牌大学的学生反而比指考入学者的在校表现更好。

此外，以繁星和个人申请进入大学者，可能更会慎重思考自己的兴趣与专长，这也可以说明为什么他们进了大学后休学、退学的比例较少，成绩也较优。

以上完全说明了一件事：考试能力≠做学问的能力。

当然，想要挤进名校，少不了要反复研读、集中火力做题目，以及拥有娴熟的考试技巧。但这绝对不代表一个人真已具备了学术能力。做学问所需要的是强烈追求的动机、深入钻研的精神，及对自己目标的高度执着，如此才能真正累积出扎实的功力。

第三节　被考笨的孩子，如何找回创意？

"答对就拿分、答错就扣分"的思维，

让孩子不敢、也不愿犯错，因为犯错就会被扣分、被惩罚。

这种"惩罚错误"的考试制度，

完全磨损了孩子甘愿冒险、不怕错误的胆识与勇气。

为了测知蓝色圆珠笔能不能通过计算机阅卷，你会准许你的孩子在大考中做点冒险实验吗？

我家大小子在初中时因为压抑不了心中对此问题的好奇心，竟然大胆地在一次月考时做实验。他决定从最拿手的英文下手，当考到最后一题时，他竟改用蓝色原子笔来画卡，想要验证是否只有2B铅笔才能通过计算机阅卷。

事后他证明了蓝色圆珠笔也能通过计算机阅卷。个性率真的他兴奋难耐，竟口无遮拦地自动向我报告此伟大发现！

我听完之后生气吗？不，我不仅不生气，我还在心中暗自窃喜！因为：

第一，在考试不断、大多数课堂仍以灌输知识为主的中学体制中，孩子竟然还保有如此的好奇心以及发现问题的能力。

第二，在分分计较、竞争排名的氛围下，大部分同学绝不愿随便牺牲自己的分数，但此孩子"冒险实验以寻找答案"的本能却没被"追分"此第一目标夺走。

第三，虽然不计较失去的分数，但却非贸然行事，孩子懂得权衡得失，从英文最拿手的科目下手，不啻是想办法在理性与疯狂间取得平衡。

首位拿到诺贝尔医学奖的华人屠呦呦为了确定青蒿素对人体的有效性，竟然自己充当志愿者，以身试药。比起拿自己的身体健康做赌注，我想我家小子的疯狂傻劲只是小巫见大巫，但仍令我既好气又好笑。

1.训练孩子找到标准答案之外的选项

我们的考试制度，就是一种"惩罚错误"的思维。

没有师长不期望孩子科科都拿高分，最好通通都拿100分，所以要求孩子绝对要以教材所传授的内容为依归，熟记勤练，这样才能避免错误。"答对就拿分，答错就扣分"的思维产生的结果是：孩子不敢也不愿犯错，因为犯错就会被扣分、被惩罚。

不能犯错就必定得努力遵循固定的思维、既有的知识、锁定标准答案，这种思维逻辑被称作"聚敛性思考"，是一种"封闭的思考"。目前我们以"选择是非"题型为主的考试模式，就是"聚敛性思考"的大集合。

对于建构完整扎实的知识体系，这样被框架住的思考训练当然不可免除。但是，在信息时代里，这样的思考模式已经无法带来突破性的进展。这世界出现了不需要自己创设内容，却是全世界最普及的媒体Facebook；出现了不需要拥有任何一部属于自己的汽车，却是世界最大车行的Uber；出现了没有任何房地产，却成为最大的旅馆业者的Airbnb；以及没有任何的库存，却成为交易量最大商场的阿里巴巴。

这些令人跌破眼镜的案例，跳脱了历史以来所有成功企业的创建模式，也未援引过去任何可参考的知识架构，它们其实都是赢在很简单的创意点。但要产生这样的创意，对错分明的"聚敛性思考模式"完全帮不上任何忙，必须先让思考无边无际，不被既有的逻辑所限制，这就是"扩散性思考"。

2.学习不满档，才能从"僵化思考"中跳出来

求学时，没有多少人敢有荒废学业的"大潇洒"，但我要鼓励父母，绝对要允许孩子拥有一点"小潇洒"，大胆让孩子抽出一些时间、脑力、体力留给"和升学考试完全没有关联的人、事、物"。

此点"小潇洒"就是让孩子的大脑能留有一点思考不受限的小火苗，使之不至于被摧残成灰烬。往后脱离了升学压力，这些活泼思考的小火苗必定能找到机会，再度猛烈地燃烧！

因此，除了九年级以及高三面临升学大考的关键两年之外，我允许孩子每天放学空出三十至五十分钟、保留完整的周六供孩子自由地运用。在寒暑假，

更允许孩子空出一长段时间好好运用，能充分执行与升学无关的学习计划。

我很欣慰看到大儿子在初中完成了几篇数千字的短篇小说以及十万字的长篇小说，高中时继续拍摄微电影，并有系统地阅读电影；老二则自己学会photoshop、威力导演的绘图软件，摸索绘图板的使用，绘制出非常专业的数字图像；喜爱生态的老三则利用寒暑假到全省搜寻台湾各种特有蛙种，每月持续担任义工，从事蛙调与生态维护的工作。

连续两个暑假，三个小子更携手合作，自编自导自演、剪辑、配乐两部英文版电影。

这些开放性的活动都没有标准答案，也没有一定的执行方案，更没有扣分的惩罚，虽然对考试没有任何帮助，但是，却能保留住孩子珍贵的天马行空的创意思考能力，长远来看，绝对值得做此基础投资。

当然，一定会有家长孩子跳出来说："课业这么繁重，能空出时间几乎是天方夜谭！"

我想，孩子要有余裕追求自己的兴趣，有个前提是：一定要非常善于规划时间，并能有效地执行读书计划！有趣的是，当孩子认清，只要尽责地完成课业的复习，就能投入自己喜欢的事物，就绝对会自我鞭策、快马加鞭地完成课业责任，以便空出更多的时间自由运用。

3.在擅长的科目里忘记竞争, 将更具竞争力

老师们都一致认同，现在要孩子在课堂上打起精神最有效的一句话就是：

"同学请注意，这里是重点，考试一定会考！"

不少孩子在小学以前，对于文学、科学、历史人文都表现出很强烈的学习动机，并且能纯然享受追求知识的喜悦。然而，一旦进入中学，这些很纯粹的学习动机随着考试的频繁就被消磨殆尽，也不知不觉转移成"赢得高分、打败别人"的功利主义。

《亲子天下》杂志曾经做过一个调查：孩子一进入初中，就有六成的学生失去学习动机，读书只为考试，求学只为考上好学校，以及避免父母生气伤心。怎么避免孩子一到中学就从学习中逃走呢？如何才能留住孩子与生俱来追求知识的热度呢？

有个值得一试的做法是：在孩子愈感兴趣、愈有潜力、表现佳的领域或科目，愈要在考试之外，让他们开辟一处没有分数阴影的"桃花源地"，让孩子忘记分数的追求，回归到追求知识、享受学习的喜悦。

例如，喜爱文学的孩子，不能让他少了沉浸于阅读的忘我时光；数理特别强的孩子，就不要再不断向他强调正确率的达成，而是要让他忘记成败，勇于挑战难题，享受解决问题的高阶思考过程；对社会改革与政治有高度热忱的孩子，绝对要让他关心时事与局势，引导他阅读社论、不断向他抛问题，从透析社会现象来锻炼思辨力。

把成败抛诸脑后，才可能全然忘我，专注享受于探索追寻的过程。此时，脑神经能更自由澎湃地联结，形成更新、更多变且强韧的回路。所谓的突发奇想、神来一笔、关键的转念，通常都在此时诞生。让孩子在擅长的领域里忘记分数、评比与排名，才能创造独特的学习风景。

从艺能科目训练不设限的思考力

目前的中学教育是个青菜、萝卜、鱼肉、鸡蛋什么都有、什么都不肯放掉的大拼盘教育，孩子在繁多的学科之外，或许根本抽不出充裕的时间与心思再充分投入学科之外的生活艺能类科目，或是打从一开始，这些对升学无足轻重的科目就被家长与孩子打入冷宫。

请不要小看这些领域，因为这些科目虽没有强大的分数压力，但有很多从零开始的发想创作历程。小科目学习不仅能让孩子摆脱分数的外在干扰，引出孩子纯然的投入动机，更是让孩子锻炼"扩散性思考"的大好机会。

孩子当然不可能家政、美术、音乐、工艺样样精通，但若不想让孩子与生俱来的创造力被考试破坏殆尽，就大胆让孩子在生活艺能领域里选择自己感兴趣的部分，享受创作、手工与操作的乐趣，这也是纾解课业压力最好的方式。

第四节　教改改不停，读私立学校真的比较好吗？

抗压性高、自律性高，或容易受同窗影响的孩子，比较适合念私立学校。

如果是对学习缺乏动机、成绩明显落后，或学习模式较为特殊的孩子，在学生整体素质较高、高压、高竞争的私立学校里就学，只会应接不暇，不断累积挫折感。

因为升学政策变来变去，不少父母干脆从初中开始就打定主意把孩子送进私立中学。根据统计，这15年来，初中总人数降了20万人，但就读私中的人数却增加了1万人，大约每100个初中生就有12人就读私中。

在说变就变的教改过程中，父母干脆让孩子接受"六年一贯无缝接轨"的私中教育，为大学全力冲刺；而现在社会乱象横生，孩子又处在叛逆期，私中勤教严管的模式，才能安父母的心。

家长把孩子送到私立学校，在小学阶段，多半是为了"放"，让孩子在实验学校的环境里，有更多元自由的学习与探索。然而，到了中学，很多家长则是为了"收"，因为私中为了追求漂亮的升学表现，比起公校，私立学校有更严谨的教学，老师们更愿意提要求，也会帮助孩子为升学做充分的准备。

这意味着，在私中读书，课程相当繁重，大小考试更多，压力巨大。然而，即使父母一心想要孩子念私中，孩子真的就能适应良好吗？

1. 我的孩子适合上私立学校吗？

我身边就曾见过不少失败的案例。

一位在小学成绩中上的孩子，一毕业就在父母的苦心安排下就读一所升学率高的私中，学校的考师科科都管、步步紧逼。比如，语文默书错了一个字就得整句罚抄五十遍；数学未达标准，则必须留校演算更多的题型，直到重考过关；学校甚至公开以体罚逼迫孩子用功。

这个原本成绩还不错、但不喜欢被人过度约束的孩子因为经常被罚抄、留校重考，甚至被体罚，因而心里产生了排斥感。他常常跟妈妈反映，非常痛恨学校的做法，妈妈虽心疼，但一想到学校漂亮的升学成果，就说服儿子继续忍耐，但一日过一日，妈妈竟没发觉孩子的愤恨已达临界点。

有一天，这个孩子在脸书撂下了狠话："再叫我罚写，我就杀死班主任！"妈妈这才觉醒，开始思考自己当初送孩子进私立学校是否是明智的做法。而就在挣扎之际，孩子竟然开始厌学，妈妈才紧急将孩子转到附近的公立初中。

还有另一个家境优渥的孩子，循着哥哥的轨迹进了数一数二有名的私中，然而他和聪慧、进取心强烈的哥哥全然不同，他患有ADHD分心症，也有轻微的阅读障碍，从小学成绩就殿后。

当初父母让他念私中，就是希望通过更有效率的教学、更仔细的叮咛，以减少他自我摸索的痛苦。但万万没想到，进入私中的孩子都有一定的学习基础，原本学习就落后的他，当然就注定成为全班公认的"老鼠屎"，总是拖累全班进度，拉低班平均。他原本只是成绩落后，但慢慢地，扩展为全面性的失败感，他变得退缩、郁郁寡欢。当然，爸妈最后也只能将他转回公校。

从以上的个案可以肯定不是每个孩子都能适应私中的严格管理模式，如果对学科的学习明显缺乏动机、成绩明显落后、学习模式较为特殊的孩子，在学生整体素质较高、高压、高竞争的私立学校里就学，只会应接不暇、不断累积挫折感，父母绝对要观察，并接受自己孩子的特质，而不是认为只要把孩子交给办学认真的学校，就等于吃了万灵丹。

那么，什么样的孩子需要或适合办学严格的私中呢？

一、抗压性高的孩子

这类孩子即便学业表现普通，但因为在不同的环境里会自己想办法适应，因此终会磨出对严格管教、强大压力的应对之道，而能逐渐被带动提升。

相反地，对于个性非常讲求自由、不喜欢被过度压制的孩子，就要慎重考虑，因为私中每天都会留校加强辅导，晚上也都统一上晚自习到八九点以后，寒暑假更是马不停蹄地提前教学、复习，这样高密度、高压迫的学习模式，真的非常辛苦。若仍选择私立学校就读，请容许他们能有保持舒压的时间与方式。

二、自律性高的孩子

对自我要求高的孩子，当然非常能适应私立学校的高压生活，在高度竞争的环境里只会更努力、不断提升自我。

但父母面对这样的孩子，要不断自我提醒，别再成为成绩的推力，反而要成为一股缓和、拉回的平衡力，以免让孩子身心失调。

三、容易受外界影响的孩子，或附近公校校风不佳

中学的孩子最容易受同侪的影响，此时期最怕受到同侪不良的影响而学坏，特别是喜欢标新立异又热爱社交的孩子，从一开始就要谨慎防范他接触到不良的朋友。学生家庭背景相差不大的私立学校，当然是最好的防线。

2. 选择学校前的停看听

但私立学校不是万灵丹，许多家长也有迷思或误解，所以选择前请慎重考虑以下几点，否则一旦选择私立学校，反而可能成为全家的重压来源。

一、经济状况是否负担得起？

私中一学期的注册费、校服费、餐费、校车费、课后辅导费、双语课程费、教材费、社团费等名目繁多，几乎都要另外收费，全部加总，平价的私立学校第一学期最起码也要5万元，如果强调双语、升学率又高的"贵族私立学校"，那费用更超过10万元；以"海外留学班""国际部"为号召的，总费

用都在15万元以上。

比起公立中学，一学期区区几千元的学费，外加便宜的餐费、班费、课后辅导费，还不到1万元，的确节省很多。

如果为了给孩子更好的教育，全家都要勒紧裤带，吃喝玩乐都得搏节开支，或是被压迫得左支右绌，当然就不需要选择私立学校。

二、读私中就不需要补习？

不少家长精打细算，认为读严格的私中，就可以省去补习费，比起公校的孩子几乎人人补习，其实也没有高出太多费用，而且又可以省去接送、交通的往返，其实非常划算。

不过，根据我自己这几年的观察，因为私中的竞争更为激烈，对学业的成绩要求更高，家长与孩子甚至期望好上加好，因此私中在外补习的风气仍盛，而且坊间甚至出现针对私中而开的专班，收费更高；而就读公立中学的孩子也未必都补习，只补救一两科弱科的更大有人在。

三、读私立初中都能直升该校高中？

着眼于直升私立高中的爸妈也要有清楚的认知，除非是完全不靠教育部补助的私中，否则目前教育部准予私立初中部直升高中的比例都有限制，是"高中部招收名额的60％"，而且会逐年调降，所以不是读了私立初中，就可以保证直升该校的高中部。

每一个私中为了争取到成绩最好的学生，都会淘汰成绩后段的学生，以保证高中部学生有一定的学业程度，以维持亮眼的大学升学表现。所以如果一开始就有直升高中的打算，那么在进入私中前一定要问清楚该校初中升高中的方案与比例。

四、住校加强管制，效果一定更好？

住校型私立学校在小学招生时，都会向父母强调，把孩子交给学校，就可以让孩子远离3C*，通过学校来帮孩子建立生活规范与读书习惯，父母就无须和孩子剑拔弩张，只要安心当个白脸好父母；而且因为拉开了彼此的距离，到了假日，亲子反而会更加珍惜相处的时光。

但前提是，孩子必须在儿童期和父母建立紧密的感情联结基础，父母对孩子的个性特质要了如指掌，如果彼此在儿童期并未建立深厚的感情基础，孩子住校之后，反而会和父母更加疏离，让亲子之间渐行渐远，父母想要管教或发挥影响力，会觉得愈来愈使不上力，不得其门而入。

另外，在选择公校时，也有两点要留意：

一、留意孩子的交友状况

对于容易见异思迁的孩子，若就读公校，父母必定要时时提醒他们如何选择朋友、留意他们的社交状况。

二、对于不适合的老师，请全面搜集意见，理性和学校沟通

对于公校老师的教学质量，学校较无约束力，不满意的父母若是直接冲到班上和老师理论，青春期的孩子会觉得无地自容。

父母请站在"解决问题"，而非"修理老师"的立场，所以要先客观搜集其他家长的想法，而非听孩子的片面之词，再找适当的时机和老师理性沟通；如无效果，再向家长会或校方反映。

公立学校能让孩子更贴近真实社会

我的成长经验很特别，小学前半段读的是贵族私小，后半段则念一般公小，我非常清楚地感受到私小与公小的差异性。

我读公小时，偶然间遇到了私小的同学，当她发现我公小同学的爸爸是菜市场的小贩，便觉得不可思议；当我想把这两个朋友拉在一起玩时，我的私小朋友竟然跑掉了，原因是她嫌公小同学的身上有异味。其实，我和公小的同学当了很久的朋友，从未曾发觉他身上有何异味，甚至异状。

事实上，我一进公小时，就发现班上同学的学习基础普遍都比私小差，父母的社会地位也差了一大截，甚至真的有同学因为便当太寒碜而躲到操场角落兀自吃饭。到了六年级，老师请同学站起来念课文，居然有人连注音都不太拼得出来，这让我觉得不可思议，因为这在私小绝对不可能发生。

当时我就观察到，私小的同学很容易表现出莫名的优越感，而且有些同学眼里真的只容得下社会背景较好的同学。

李家同曾说过："一个国家如果优势家庭的孩子都从私立学校毕业，将来会有一种问题，那就是他们完全不了解真正的社会。比如，他们可能会对弱势孩子的教育没兴趣，但政府的政策又完全是精英分子拟定的，如果精英分子对国家整体的教育漠不关心，公立学校的教育就会永远被忽视。"

虽然新时代早不爱听类如李家同等专家的意见，但是因为自己的亲身经验，我却相当认同他这个想法。

所以，对于孩子，我就让他们顺其自然读了学区内的公立学校，当然，我们也非常幸运，因学区内学校办学认真，口碑极好。

尽管如此，班上还是会出现弱势学生或是特殊儿，但我认为这些同学是孩子的天使，能让他们学习同理、包容不同的人，以及更多样的社交技巧。

比如说，孩子班上有一个孩子来自单亲、又隔代教养的低收入户，她每天出门前都要先帮卧病在床的阿嬷准备好食物和水，回到家要揽下很多家务事，还要照顾尚在襁褓中的弟弟，孩子看到这类同学的真实生活后，不仅珍惜所有，更容易激发出他们的同理心。这些不同方面的学习，绝不输给学科上的学习。

公立学校就是真实社会的缩影，孩子无法选择同学，甚至无法选择老师，这让孩子不得不学习更有弹性、更灵活的社交技巧，因而能更具韧性。

第五节 多元入学时代，只会考试真的不够！

研究显示，比起多元入学，联考更不利于弱势、非都市学生。

当全世界大学都希望更全面考虑学生的潜质、特质与未来发展性，有的还以"收到背景更多元的学生"为目标时，我们当然不能再走回头路，而要让"多元入学"愈走愈长久！

我问就读高中的孩子们支不支持现在的"多元入学方案"，也就是让所有高中，包括各乡镇学校的优秀学生都有机会通过"繁星推荐"，或者通过学测与面试的"个人申请"来进入大学校系？家里两个高中生都异口同声说当然赞成；再问他们如果回到"联考时代"好不好？两小子都大力摇头！

我进一步问："但是，不管家长、老师还是校长，都有很多人反对'多元入学'，因为他们认为有钱人可以学习多种才艺、参加活动、比赛，堆出漂亮的备审数据，这样当然容易被录取，也有利于资源多、家庭社会地位好的学生！大家各凭本事来考试，不是最为公平吗？"

没想到，孩子的回答是："考试不也是这样吗？有钱人的孩子想要考得更好，就一定会花大钱找名师、请一对一家教、找名牌补习班，若纯凭考试来选才的话，对有钱人家的孩子一样很有利吧！"

孩子的反应倒是激起我对这个问题的强烈好奇：到底联考制度或是多元入学，哪一种方案对弱势者比较有利？

对此，我搜索出很多数据确凿的研究论文。当我也凭着想当然的直觉，随着媒体人云亦云的风向加入了"多元入学＝多钱入学"批判大队时，却发现多数研究都支持儿子们的随口假说，也就是"联考制度更不利于弱势学生"，因为通过"一次性考试"而上名牌大学的学生有更多的比例是来自社会地位较高的家庭；相反地，自"多元入学方案"推行以来，家庭收入落在后半段、都市区以外学生能上顶大的比率反而逐年升高。

因此，若要讲求公平、想要达到"照顾弱势、区域平衡"的目标，恐怕"联考制度"不会更高明！"多元入学＝多钱入学"无疑是个假议题。

1.只会拿高分的考试高手，OUT

不过，多元入学推行以来，的确出现过令人愤愤难平的案例。2016年有一名学测65级分的学生，通过"繁星推荐"的方式被"中国医药大学"医学系录取；但与此同时，却有8位学测满级分的考生，通过"个人申请"的方式被挡在大门之外。

不少从联考时代走过来的父母师长，看到此则新闻时都忍不住跳出来大肆批判："多元入学根本不公平，分数高的竟然被刷掉，这是个超级烂制度！"

到底那个65级分是何方神圣，没考试本事却名正言顺成了正宫，这还有天理吗？

不过，翻开医学龙头台大医学院对于"个人申请"的学测级分所设定的比例，会赫然发现竟然是"0"，这表示台大医学院对于"个人申请"入学者根本不看重学测分数，这种订分标准的背后到底是什么奇怪的思维？我们再看一个例子。

有一位台大化学系的同学赵竑，他的论文登上了在国际学术上极具重量的《科学》期刊，受到学界的瞩目，但是回溯这位学生当年的学测，却只拿到60级分。假若当年只看重他的笔试成绩，赵同学根本上够不着台大的边；但通过甄试，评审才得知他曾参加过化学奥林匹克选拔营，他在考试能力以外对于化学的潜能与热情，才能被一一挖掘。

这就是多元入学背后的思维：应当要更全面地考虑一个学生除却分数之外的潜质、特质与未来发展性，才可能找到最适合、也最具发展性的学生；考试，是用一种僵化的"公平"方式来处理学生差异，其实是另一种不公平！

而放眼国际，这样筛选人才的方式已成世界不可阻挡的潮流。

以斯坦福大学为例，该校认为一个卓越大学的学生组成，一定要多元化。如果只讲学术优秀，那么来念书的可能都是学者的小孩，这样就会让校园成为阶级复制之所。

因此，斯坦福的学生来自全美各地区，遍及90个国家，包含非裔、亚裔、西裔，少数族群超过了50%。曾经有GPA、SAT都拿高分，又是钢琴州比赛冠军的学生被刷掉，因为在评审看来，这类学生是被父母过度安排的结果。若是招收家庭社会地位不高，但进取又有想法的学生，或许能带进不同的思维，比如具有经营非营利组织的使命感，因其个人成长的经验而发愿去影响更多的人。

这同样也是柏克莱大学的选才目标——希望收到不同背景的学生。因为，"当面对问题时，背景不同的人能提供不同的方法。这些方法，每个学生会依据不同的生活经验，发展出不同的解决问题的模式，愈多元愈好"。

看看世界，想想自己，台湾可能回到联考时代吗？当然不！虽然考试很重要，但是只会拿高分的考试高手在全世界都不再吃香！

2.备审数据升级版——"学习历程档案"让孩子更适才适所

不过，学生自行准备的学习历程档案，也就是"备审数据"，目前五花八门，格式不一，又是在学测考完之后短时间才整理拼凑完成，有的学生干脆花钱请专人制作美轮美奂的备审资料，然后撒钱南征北讨参加面试，这样的甄选过程的确令人质疑是否公平。

"多元选才"既然是目前全世界挡不住的潮流，当然就要尽可能做到公平公正！想找专人设计华丽又充实的学习历程档案吗？请注意，108课纲将做成统一的格式！

想不断增删调整内容，让档案更具可看性吗？从高一开始，每个学生就必须开始进行记录，而且为了公平，每学期记录完毕就不得更改。

"学习历程"档案到底有什么？包含了以下三大部分：

一、基本数据：自传、读书计划。

二、修课记录：修课的成绩，包括必修和选修课程的学业表现，以及学习成果，要有具体的作品，如实作作品、书面报告、评量。

三、多元项目：包括干部、竞赛、社团活动经验、校外活动、志工经验、语言或技能检定证明。

未来，大学入学的评比至少有一半是由"学习历程档案"决定的。什么样的学习档案才吸睛？过度堆砌、目标分散、华而不实的档案未必会受到评审青睐；实在、独特、个人经验值高、与领域相关、能展现学生自身感受与想法、够真诚的档案，才能打动评审！

该补强科？还是补弱科？

这个问题在初中与高中有不同的考虑。

因为初中是培养基本学力的阶段，每一个学科都被认定是基础教育内容，也都是会考的必考范围。既然"会考"目前仍是选择高中最重要的评比条件，当然就不能弃弱科于不顾。因此在初中阶段，不要轻言放弃弱科，而是要在能力范围内尽力学会每一科，达成自己可达成的目标。

　　但是到了高中，随着通过的探索、记录学习历程而迫使学生都必须聚焦于自己的潜能发展方向，此时当然就不能在弱科以及与未来学群不太相关的领域投入太多时间，而应该努力让优势加倍发光，因为这样才可能让一条清晰的职涯发展路径逐渐成形。强科当然要想办法变得更强、超强！与未来学群相关的科目当然要大胆投入更多的心力，每个人的精力与时间有限，对于较无关联的科目或是无缘的弱科，就放胆让它们成为过客吧！

　　我家三小子有就读优质小区高中者，也有在传统前三者，但是在教改新浪潮、考招新制下，"学校的阶级差异"将愈来愈不是主导升学的最重要且唯一因素，不论是读私中、小区高中还是传统名校，谁能亮出聚焦清楚、具体、丰富、有系统、成果丰硕的学习历程档案，谁就是赢家！

　　从联考制度走过来的父母，包括我自己，都知道准备大考需要周详而有效的"读书作战计划"，规划进度并且运用策略以夺得高分；但是在多元入学时代，如果仍以这样的旧思维面对考试，是不够的。如何在高中三年锁定方向，并且能完整、丰富又具体地呈现这些学习历程，绝对需要不同的战略与计划！

第五章

预先储备坚实的学习力

第一节　108课纲，帮孩子把"对的力气"用在"对的方向"

　　我不会乐观地认为考试竞争的压力在初中会有多大的改变，但变革后的命题趋向会对老师们的教学方向与教学方法产生一定的影响，也会带动父母与孩子提前去思考未来的发展方向，进而找到属于自己的"明星高中"。

　　艺人邰智源的儿子邰靖2017年学测考了74级分，个人甄试四连霸，一口气连中台大物理系、台大电机系、台北医学院医学系和阳明医学院医学系四校。

　　不过这个喜讯，却引来一位律师林智群的反思：

　　"……昨天跟电机系教授说他对电机有兴趣，今天让物理系教授认为他是物理奇才，后天又向医学系教授表示他对拯救人的生命充满热情，这怎么看都觉得奇怪吧！邰智源小孩的困境，其实跟二十几年前的我的那一代遇到的困境毫无两样，就是能力很强（至少向社会证明了自己很会念书），但是没有方向感，不知道自己喜欢什么……"

1.正确的方向,比努力奔跑更重要

林律师把考高分的学霸比喻成马力强、性能好的车子，他感叹，二十年过去了，大家还是在培养马力强的车子，但马力再强的车子，若不知道目的在哪，也可能浪费时间走了一大段冤枉路，倒不如开一部小march，朝向明确的目标行驶。

但事实上，邰靖并非特例。放眼望去，又有多少中学生真的能及早找到自己的方向？问题并不在孩子身上，倒是我们的教育模式，根本没能给予年轻学子足够的时间与养成环境寻找方向，要他们在首次的人生路口上精准无悔地选择，不免过于苛责。诚如林律师所提出的省思："在引导孩子探索兴趣及未来方向这方面，大人们做得真的够吗？"

每年大考，媒体、师长们最关注的，都是有多少满级分、多少建北生，"分数精英产量"总是被放大处理的新闻，更是各校用力追逐的绩效指标，在此一成不变的价值观之下，学生自然不可能觉得花费力气思考人生方向有多重要。

我们的教育体制一直不觉得"帮助孩子导航"是一件重要的事，即使教改已不断朝此方向调整，但从执行面来看，大多都是徒具理念而无太大幅度的改动；而近几年来，虽然课程内容已不断调整，但因为最终的招考方式仍是"先比语英数社自的主科分数"，所以中学生当然觉得不必想太多，甘愿做个考试机器，无所不用其极地把主科考到最好！反正不论当医生、工程师、老师、研究员等，要具备的条件都大同小异：比语文、英语的分数高低，顶多依据类别不同，再比数理或社会。

这样的考试制度自然带出一批又一批"延迟探索自己"，甚至"从不认识自己"的孩子；而中学读得太累，到大学当然就落入"任君玩四年"，因此，孩子毕了业才发现，所学非所爱，所学无所用。

2.为孩子的人生加装导航

108课纲仿佛是为学生加装了导航系统，特别是高中课程，大幅降低"必修课程"，而提高了"选修课程"，每个孩子可以根据自己的兴趣来选择课程，不再固定于同一个教室，而是根据自己的"选课表"跑班，甚至可以离开学校去修习多元课程，打破既有的统一课程框架，走向"一个学生一个课表"。所谓"适性扬才"不再聊备一格，而是真正从执行面改革，就算孩子从未意识到自我探索的重要性，但是课程的规划自然能引导孩子去思考自己的发展方向。

更重要的变革，在于大学的招生方式。大学学测的权重将不超过50%，另外至少50%则要统计在校的学习历程与表现，而每个科系会根据需要而特别看重选修科目的表现，这更会迫使孩子提早思考"什么是自己想学、可学而且必须学的"，这样，学习就能够对应到自己的潜能特质，学习的能量将更能聚焦，学习的动机当然就更强，也更能学以致用。

呼应到我在首篇文章里所说的"'不喜欢读书'不代表'不需要努力'"，但愿这句话有机会能改写成："因为喜欢学习，自然愿意努力，甚至主动读书、做研究！"

3.更贴近生活的跨领域学习

只是，如果把108课纲往下看，会发现初中的教育内容仍是统一菜色，这当然是因为初中仍然是基本学力的养成阶段，所以供给每个人相同的学习养分。

而初中会考也仍然主宰着升学的生杀大权。虽然十二年国民教育*已实施了几年，但是我们发现多数初中"老师为考试而教学、学生为考试而读书"的僵化现象仍没有大的转变，课纲里虽有交由学校安排的弹性课程，但为了升学，仍然是主科的延伸；而考试分数评比改成A、B、C三等级，希望借此摆脱"分分计较"，但是除了偏僻地区之外，大都会地区以"补习、苦读、应考"的学习模式不仅没有改善，反而更升温，甚至为了能在多元学习上加分，把参加比赛与才艺当成大补丸。

不过，新课纲在初中的课程规划与大考方向上，却有本质上的变革：过去的教育方向是"学习知识"，新课纲则强调培养孩子的"素养能力"，也就是要孩子拥有自我学习、解决问题的能力；过去是分科学习，新课纲则慢慢走向"跨领域"、贴近生活情境；而主科的设计，则更贴近时代脉动。

比如到了初中便吓走一堆孩子的数学，过去的教材是一个大单元接着一个大单元地教，孩子如果在某一个单元被卡住了，恐怕就没机会补救；新的课程则将大单元分散到各年级，让学生螺旋式地学习，而艰涩庞杂或是用处不大的部分，如三角函数，都予以删除，免得孩子愈学愈无力、愈学愈反感。

语文课文的文本类型，不再限于文学性，并降低一定比例的文言文；因应时代变迁，将加入更多工具性、文化性、生活性的文本，如科普文章、杂志报道等，篇幅将增加，课文长度也变长，一改过去强调拘泥字句的学习，而是提升阅读的理解力、省思力、批判力以及表达能力。

关于初中会考的命题趋势，也将延续着考核"素养能力"，也就是知识的理解、判断与应用，重在解决问题，而非知识的吸收与记忆，因此考题将更为灵活、题干的阅读量更大。

4.找到自己的明星高中

既然初中会考仍然占着一定的重要性，我不会乐观地认为考试竞争的压力在初中会有多大的变化，"考试引导教学"目前还不会改变。然而，变革后的"命题趋向"必定会对老师们的教学方向与教学方法产生一定的冲击，也一定会慢慢带动家长们改变"学科"学习内容的认知。

父母孩子甚至必须提前思考该如何选择高中，因为108课纲之后，每个高中所能提供的资源不尽相同，必定会发展本校的特色，而未来大学招收学生时不再只看成绩，而是考虑学生在高中时是否选修了相关的课程与活动经验，这些虽然不见得能明显纾解初中生的考试压力，但却可能有一个极度重要的影响，就是一定会带动家长与孩子提前思考自己的发展方向。

过去，多数孩子到了大学学测完都还不清楚自己的发展方向；将来，孩子在初中时就被引导要看到选校的方向，这将让孩子愈来愈能将"对的力气"对准"对的方向"。我们也乐见未来的孩子能摆脱明星高中的束缚，心中真正亮起自己的"明星高中"。

成绩就像病历或存折，是个人的隐私

孩子刚上初中时，导师曾针对"是否该公开成绩名次"这个问题对全班家长进行调查，结果发现，大多数家长都希望每一次月考都能公开排名，而我则属于少数反对者之一。原因是，我认为只要孩子清楚全班各科分数的分布状况以及自己的落点，就可以达到自我警惕的作用。成绩就像病历或存折，我认为是属于个人的隐私。

但是班上很多家长都认为唯有公开排名，才能有效刺激孩子，达到彼此竞争的目标，这对逃不开大考的孩子反而是好事。

然而，根据校规，这么做显然不合适。于是，老师设计了很巧妙的方法。他绝不公开排名，除了发放校方统一的"个人成绩单"之外，老师会在每个人的联络本里写下每个孩子在班上的名次以及建议，除非孩子自己张扬、忍不住彼此比较，否则无法得知他人的分数及排名状况。这不但可以满足父母的焦虑需求，让他们能清楚掌握孩子的落点，而且又能保护孩子的隐私权，不失为顾全现实面的好方法。

108课纲若推动之后，成绩单在高中势必会有很大的变革，因为"一人一课表"，每个人成绩单的呈现就不尽相同，当然也就无法再做整体相对的比较，这更能促使正在快速发展自我的高中生对自我负责。

第二节　大学选才方式大变革：活用科技，适性扬才

信息科技不但是孩子在学习与活用新知时的重要媒介，

更成为大学科系的耀眼新星。

而学生在高中时是否曾选修与自身潜质相关的课程，

也是大学选才的重要依据。

我家大小子从初中开始就是个超级电影控，在重重课业压力之下，不仅抓紧空当狂看电影，更利用两个暑假自编自导自演了两部电影；到了高中，他的电影魂更加速壮大，每有影展必追、争取参加电影营队、把音乐课的MV制作当成年度大事；此外，他还动员同学拍微电影参加比赛，写小说剧本、自创粉丝页记录电影心得。

在过去我们的年代，这样的孩子绝对会被视为不务正业的玩咖，与根深蒂固的"勤学"价值大相径庭，他必定是老师眼中的头疼人物，更是父母心中无可救药的堕落分子。

然而，在这个选才方式不断变革的时代，我反而要对这个有点反骨的儿子献上感谢，因为不劳老妈出手，小子就自个儿顺应着自己的兴趣与发展方向，一路累积了大大小小各种鲜明的"自我学习履历"，能自我探索、乐于自主学习、顺性累积各种相关经验值，这不正是108新课纲所强调的选才条件吗？

1.乐在其中的"学习型玩咖"，才是潜力股

台湾教育部门曾针对大学十八个学群做"选才需求"的调查，发现教改这些年来，不同的学群都发展出自己鲜明的选才趋向，在传统学科之外，学生个别的学习历程反而更具决定性。例如，"外语学群"看重的是学生相关的检定证明；"社会心理学群"则强调自传、读书计划与服务学习经验等；"大众传播学群"则看重作品、竞赛表现与学习档案。

除此之外，大学在面试时会探测学生"统整知识与应用知识"的能力，以及选择该系的动机，这是因为大学各科系都体认到，与其选择"高分绩优却没有明显动机"的学生，不如选择对该领域具有兴趣、有热忱、有想法、对自我有清楚认知的孩子。而这几年执行的结果也发现，通过"多元入学方案"进入大学者的学业表现，反而比"考试入学"者好，退学率也低，这或许是因为学生所选、所学符合其兴趣，因而上了大学后无怨无悔、乐于学习，所以学得更好。

曾混过帮派而浪子回头、荣获美国教育学会"实践家奖"的台师大教授谢智谋曾对于"什么样的人能被大学面试官吸引"这个问题提出看法，从中

可以得知寻找"潜力股"将成为大学选才趋势：

- 知道自己为什么要念这科系。

- 对生命充满热情，对事物充满好奇。

- 自信但不自傲，谦卑但不自卑。

- 有一份属于自己专业或生命蓝图的勾勒。

- 对国际视野或一些族群的需要有特别关注。

- 对于专业知识的思维与理解，相当充足；对于未来专业领域的路，也非常清楚。

因此，就升学的现实来看，过去父母想尽办法帮孩子找名师、强逼孩子补习、巴不得孩子把全副精神都花在重复练习传统科目之上的做法，已不完全适用，而且反而有可能让孩子落入"高分落榜"的窘境，因为除了成绩之外，若是孩子拿不出实质的表现来佐证自己具备与该领域相关的优势，也可能成为遗珠之憾。

2.语英数理不再一枝独秀，新科技急起直追

今年初中会考有一则新闻很吸睛，云林有一名考生拿下"测验题全对、作文满级分"的超优成绩。他在受访时表示："家里平常不开电视，没有网络，也没有手机，在家里的时间都是在阅读。"不料这则新闻引起了抨击，有人以

为，与科技隔绝的学霸或许离名校愈来愈近，但却可能和现代世界愈来愈远。

在我们高度怀疑孩子滥用新科技作为娱乐等毫无建设性的活动时，其实新科技已成为N世代难以脱离的学习沃土，就像植物的生长无法没有阳光、空气和水一样。

所以，我看到邻家小六的孩子在研读记忆性科目时，懂得用手机录下自己的念诵，然后反复地听，这样背得又快又不费力；他也常将笔记拍照，成为独家小抄，随时可以研读。

暑假时，我家喜爱生态的小子自行上网修习生态课程，并接受网上测验，因此拿到了义工证书。

放学时分，孩子的一群好同学在公园聚集，他们时而表情严肃，时而谈笑风生，其中有人拿着手机不停地拍摄，同学们跟我说他们在做报告，想用拍摄戏剧的方式来呈现自己的报告——"拒绝陌生人搭讪的九种方法"。

月考前，高中孩子跟我抢计算机，因为老师把课程都做成影音、把重点都整理成简报文件，上网就能让老师的原音重现，还有条理分明的文字重点，多感官输入，简直就是私人家教！

也有尚在念小学的同学很快就用自学的方式成为程序设计高手，帮同学设计了非常顺畅又有趣的游戏软件。

科技，绝对是孩子必须追求的目标，也绝对是手段，他们别无选择的，必须用"科技"来紧追"科技"，才可能锻炼出坚强的竞争力，这是不可能改变的趋势。

近来教育部针对大学十八个学群做了"选才需求调查"，没想到重要科目竟然有所洗牌，虽然语文、英语仍是大学最重视的科目，但紧接着排行在第二名、第三名的科目，既非数学，也非理化史地，而是"信息科技"与"生活科技"。

此外，竟然有十一二所大学学群认为上述这两个领域都非常重要，也就是信息科技所需要的运算思维能力、逻辑思考能力以及数字信息素养；而生活科技则侧重跨领域的整合能力以及动手实操的能力。反倒是传统的主科——数学，其重要性竟落到第四名，更遑论史地理化等传统考科目。

3.与时俱进的必、选修课程

108新课纲为了顺应时代变迁的需求，也新增了四大必修课程：初高中增加了"信息科技"，小学增加了"新住民语言或本土语"，"生命科学"融入综合活动成为必修，高中增加"自然科学探究与实操"。

而在"加深加广的选修课程"调查中，不同属性的科系更细分出自己的选才特色。例如，"信息学群"最重视的是"进阶程序设计"与"科技跨科专题实操"，接着才看重英文与数学；而"管理学群"除了语文、英语、数学之外，看重"进阶程序设计"与"科技跨科专题"；"大众传播学群"则看重"艺术跨科课程"；"游憩运动学群"看重"健体领域跨科课程"，学生在高中时是否有修习相关加深加广的课程，将成为大学选才的重要依据。

以下两点，就是108新课纲的重要内涵，也是最重要的选才依据。请各位老师与家长务必留意：

·让孩子吸取信息科技的知识与技能。

·让孩子对自我潜质有清晰的认识，使之能主动热切追求相关知识技能，并拓展经验。

再回头谈谈我家的电影狂小子。事实上，只要考试不灭，莘莘学子傻傻拼考试的精神就不会消失。因此，无论教改再怎么改、考试比重再怎么调降，在体制内升学必定仍是"考"海无涯无尽处。

即使电影狂小子在高中三年已经累积了一笔又一笔的漂亮学习历程，但是当学测将近时，我得诚实地说，我对他"务实、认真面对考试"的期盼绝难消失，毕竟还是得拿出漂亮的成绩才能先取得基本的入场券。因此，我告诉电影小子："万事俱备，只欠东风！"这个东风，就是面对学测时，还是得认真地复习"考试科目"、投入心力训练自己的考试反应！

孩子首次行动上网，每月1至2 GB就已足够

我家大儿子高中才要求使用手机，在店员的强力推荐下，选择了一个"学生型月租方案"，此方案免费赠送半年上网吃到饱，非常划算！

跟老朋友聊到此事，没想到，家长都对"学生吃到饱优惠方案"非常有兴趣，因为此时期的孩子根本不需要上网吃到饱，毕竟胃口养大后绝难回头，不少朋友经常为了孩子上网大暴走！

到底孩子需要多少网络流量？我们先对流量有个粗浅的认识：1GB是1024MB，若只是上脸书，大约10分钟只会消耗数个MB，使用Line则更少；但若是观看影片，大约3分钟就会耗去10至20个MB，打电动也相当耗流量。所以，如不希望孩子过度迷恋游戏或观看视频，每个月设定1至2 GB已绰绰有余，给孩子无限畅饮，就是父母挖坑给孩子跳。

事实上，回到家就有wifi，处处都有热点，不少公交车、地铁站也都免费上网，因此，孩子其实不需要太多"行动上网量"。

如果父母知道孩子自制力较差，那么第一次提供"行动上网"时就要谨慎考虑，以购买"预付卡"来储值。因为流量有限，孩子才有机会练习自我控管；初中以下的孩子，甚至不必备准备手机。

此外，为避免一场场亲子攻防战上演，打从一开始父母就要跟孩子一起制定规则：读书时将手机放在公共区域，甚至在客厅开设一个"停机坪"，晚餐后，大家都把手机停在此，父母以身作则，孩子就会心服口服。

有些电信公司也可以设定上网时间，比如"中华"电信有"健康上网时间管理系统"；孩子出门在外，也有管控方案；再如"台湾之星"有亲子方案，可由家长来设定孩子行动上网的时段，这些系统将是父母辅助孩子养成好习惯的利器。

第三节　会考新时代的生存之道

成绩分布在不同区块的学生，都有各自要面临的选校问题。

高分群的前段学生，选择有特色的学校尤佳；

中段学生则可就近入学；

后段学生若能选择自己所爱，日后也有机会能逆转胜。

　　初中会考结束，又是几家欢乐几家愁，我听闻几个在学校常常拿第一的孩子都意外地发挥失常，从原本众所瞩目的第一志愿中落马，反倒是好几个平常月考从未达到顶尖的孩子以黑马之姿蹿升，跌破大家的眼镜。

　　即使与第一志愿无缘，但学习优秀的孩子也能考入众人仰望的几所明星学校，因此，我安慰着这些极度优秀的孩子以及他们的爸妈，即使暂时与第一志愿失之交臂，但若能找到自己的目标，持续努力，三年之后达到自己的理想校系，才算正经的第一志愿！

1.各分数族群的选校建议

然而，养兵千日，用兵一时，对这些尖子生而言，光是校服颜色就足以让他世界从彩色变为单色。

有一个成绩顶尖的孩子自从拿到成绩单之后就郁郁寡欢，常常以泪洗面，在她有限的生命经验里甚至很难想象，将来坐公交车时，看到功课一向不如她的同学穿着耀眼的校服时，她情何以堪？我听妈妈转述，女孩甚至放话说："我干脆选择最近的学校，走路上学就好！"

以上是会考高分群的真实情景，我们再看看中分群的孩子。拿到会考成绩单之后，有一个成绩是1A4B孩子的妈来和我讨论如何选填志愿。其实，看到琳琅满目的学校，再比对坊间提供的各校成绩落点预估，我真的傻眼了，因为这个范围内的学校非常多，高中高职皆有之，分数落点的预估不见得精准；再加上无法揣测别人的选校抉择，而且短时间也无从透彻了解每所学校的办学特色、理念、校风、通勤方式等是否适合孩子，所以我实在很难给予什么高明的建议，只能保持沉默，以免误导。如何在有限的时间里做最好、最适当的选择，并有技巧地填写志愿，让选填的志愿不落空，是中分群孩子的大难题。

再往下看，成绩属于后段的孩子，他们也有要面临的问题，因为分数不高，筹码有限，所面临的第一个选择就是到底要选择高中还是高职？一直以来，初中毕业生选择就读高职者超过了一半以上，比如2016年有33万多人选择高职，超过选择普通高中的31万多人。

而高职有15个群科、75个科别，该如何选择适合的目标，从而能顺利地读出兴趣、发展出一技之长，实在需要对自己的能力与兴趣有非常清楚的认知，因此这个区块的孩子须比其他人更早厘清人生的发展方向，到底适合什么样的职业群科，该怎么选科系，打从一进入初中就得多方自我探索。

看来，成绩分布在不同区块都有各自要面对的问题，在会考时代，绝对需要更新观念，才能做出最佳选择。

2.高分族群：名校差距小，错失一题差一所学校

因为会考评比已从100分级距改为七个等级（A++，A+，A，B++，B+，B，C），虽然免去了分分计较，但却让分数阶层模糊化，再加上命题趋向简单容易，因此高分群的分数几乎是差不了多少。这样会考对高分群未必有确切的鉴别度，在高分群里，多错一题，就可能掉一个级距，而差了一个级距，就差了一所学校，因此，学习程度好的学生若是一时粗心，很可能就大意失荆州错失了一个学校。

相反地，若是考运特别好，蒙对了一题，也就蹿升一个学校。在过去100级距精确区分的时代，这是绝对不可能发生的，但是，成绩只分7个级距，模糊地带增加，当然就难以做细致的区分。高分群的孩子一定要有的心理准备：只要最后落在高分群相对应的传统学术名校范围之内的，都属学习精英，绝对要打破过去校服颜色壁垒分明的旧思维。

再者，在教育制度上做最大改革的108课纲完全颠覆了高中教育制度以及大学选才方式，能用各种方式来证明自己是朝着既定目标而努力、有职涯方向感的孩子，才掌握了对自己最有利的筹码。未来，高中名校的差距将会被各校的"办学特色"所取代！

3.成绩中至中上："就近入学"是最高指导原则

教改的重要工程之一就是要让高中高职普遍优质化，近几年，很多小区高中都尽其所能地办出自己的特色。从大学学测的成绩来看，小区高中的表现愈来愈好，2017年度通过繁星推荐升上大学的前十名高中里，有九所都是小区高中。

繁星绩效连续数年列在前十名之内的林口高中校长赖春锦就说，成绩中到中上的孩子不要陷入差距不大的"排名思维"而以为分数不可以浪费。事实上，选择就读附近的小区高中，可以省去上下学的时间，多出时间好好休息及复习课业，也可能在升学之路上有更多的可能性。

4.中段学生: 别拖到成绩单到手才思考如何选校

PR值30到70的孩子，约占整体人数的一半，是范围最广大的中间族群，这群孩子在面临选校时最难抉择，因为选择范围非常广大，从公立高中后段、公立高职、私立高中，到私立高职前段，要从中选出适合自己又能上得了的理想学校，填写志愿需要最周全的考虑。

对于这类的孩子，父母需要更仔细观察孩子的学习模式，而且更要坦然接受孩子成绩的真实落点，抱持合理的期望。

曾经有个成绩一直落在此区段的孩子，他杰出的医生爸爸一直对他抱持着极高的期望，甚至从初一开始就不断对他放话："高中的目标就是要锁定爸爸的母校建中！"

这孩子每一次考不好，爸爸就重度地检讨，然而，直到最后一次模拟考，这个孩子的成绩从未有奇迹式地跳升，但爸爸却始终阿Q式地坚信孩子绝对具有和他一样的学习潜能。

当然，会考可不是神话，没有奇迹，孩子当然就一如往常考了好几个B，此时，爸爸已经不是"失望"两个字可以形容，而是慌乱！因为他从未预料到这样的结果，面对孩子成绩落点所对应的几所学校，他一概不熟悉，然而在接到成绩单之后的短短一两个星期，却一定得弄清楚孩子到底该选择高中还是高职，更要了解每个学校的特色、升学表现等，这个爸爸只好天天请假带着孩子亲自到每所学校参观，紧锣密鼓地和亲朋好友打听每所学校的学风。在忐忑慌乱中，交出了一张命运未卜的志愿卡，就像是买彩票一样，最后到底会到哪，录取的学校如何，全凭自己赌对了没有！

针对这区块的孩子，选校可千万不能从拿到成绩单之后再来考虑。打从孩子进入初中，就应该持续观察孩子的学习动向，并且坦承和孩子讨论，对学科的兴趣到底有多少？如果要走高中路线，适合孩子程度的学校有哪些，平常就要陆续搜集资料，了解每一所学校的状况，其风气、特色、交通状况、就业或是升学表现等。如果孩子适合职校，那么能力与兴趣又会落在哪一个群科？父母更要特别去了解学校所提供关于孩子"通过探索趋向"的相关信息。

有太多例子证明，只要是适性发展，读对了学校，选对了科系，孩子的潜能得到了开发，不断累积专业与技能，最终也能找到属于自己的一片天空。

5.成绩中后至后段：选择自己所爱，仍有可能逆转胜

这一区块的孩子，大都会选择职校就读，所以更该及早探索自己的职涯兴趣。如何帮助这个区块的孩子发掘自己的强项，爸妈与孩子要一起面对、一起做功课。

不过根据观察，初中生虽有超过半数进入高职，但是却只有10%到20%的学生在初中曾上过相关的课程，这显示了一个严重的问题，就是许多选择高职的孩子直到填写志愿时，恐怕都还没做好功课以厘清自己的方向，不少人完全是凭着媒体或是亲友的口耳相传，糊里糊涂地就进了自己也弄不清楚的科别。

此区块的孩子所对应的学校是公立高职后段或私立高职，选择的最大原则当然不是成绩，而是"适性"。填写志愿时，要先以自己想念、有兴趣的为主，即使竞争激烈的职科也应该放手一试，接着才去选择未满额、无须超额比序的学校。因此，这区块的父母一定要不断陪伴孩子、鼓励孩子寻找方向、发现自己、发展潜能，这群在学科上深受挫折的孩子，非常可能因为高职选对了方向，通过动手操作或累积证照而累积自信，最终能逆转胜。

高中好？还是高职好？

大多数人对这个问题的答案都是：会读书的就去读高中，不会读书的去念高职，而目前反映的真实现况也是：考试考得好，就选择高中；考不好，只能选高职。似乎选择的依据都在于成绩。

考试反映出一定的学术倾向与能力，当然有一定的参考价值，但事实上，真正的考虑乃在于学习模式的不同。有的人也很会考试，但更喜欢通过实际操作来学习，这样的孩子未必一定要选择高中，如果已经很清楚自己的方向，提早选择职校，再继续就读科技大学，将能累积更扎实的专业技术能力，这样的发展也很好。

具有以下的特质，请鼓励孩子选择职校：

·喜欢动手实际操作，对做出具体的服务、作品或器械有热忱与成就感。

·已经清楚自己的方向。

·对长时间静心研读书本较缺乏耐性。

以下特质的孩子，则适合选择高中：

·比较擅长研读、分析、记忆、归纳信息。

·对长时间研读具有耐性，并能依靠毅力面对各种考试挑战，至少不排斥。

·尚不清楚自己的人生方向。

当然，人的兴趣并非绝对的二分法，也不会永远不改变，有的孩子是因为还不清楚方向，所以先选择高中来延长选择的时间。更有喜欢动手做的孩子，在不断做出具体的成品之后，反而回过头来把实务经验化为理论，因而转为在学术上继续深造。

不少业界反而喜欢录用真有技术底子的技职或科大学生，因为这些学生已经具备基本的工作能力，不需要从头训练。然而，也有业界不断反映，技职或科大路线的学生外语能力较弱，阻碍了发展。

因此，不论走技职路线、高中大学路线，都需具备一定的语言能力，并且肯做又肯学，才有未来！

第四节　学历贬值，穷忙"薪"酸，青贫世代的未来只是梦？

广设大学是利是弊迭有争议。

就目前的"学历贬值"的现象看来，我想是因为"高阶人才"供过于求，再加上产学落差，学校培育的人才与产业所需的人才不符，这些都可能使学生在大学毕业后才开始探索自己、思考人生。

过去十几年产业的结构并没有太大的改变，再加上少子化，目前大学生占了同年龄人口达70%，但适合大学生从事的专业工作却不到四成。

满街的大学生，却找不到相对应的工作，我们给了孩子中看不中用的虚浮学历又有何用？

1.穷孩子上大学，读不出专长还得先还债

在一所桃园的初中演讲时，曾有位辅导老师语重心长地告诉我，实在有太多孩子志不在学术研究，更不擅长考试。

这些孩子有的一上课，就神游太虚、心不在焉；有的是任凭如何发奋用功，就是读不出一朵花。但若是将这些孩子放到实际的操作环境里，有不少人却生龙活虎，学习力立刻死灰复燃；有的孩子虽然对书本没兴趣，但是在人群中总是最主动、最喜欢服务别人，愿意为团体效劳。

然而"唯有读书高"的传统观念深植于父母心里，在广设大学之后，这些原本根本不应该以"学术发展"为路线的孩子，却为了沾染"大学"耀眼的光环，最后都选择了大学，当然，他们多半进入"后段私立大学或后段科大"。

老师无奈地说："广设大学真是大错误，迎合父母爱面子的心，却实实在在苦了孩子！因为在阶级复制之下，这些孩子有很高的比例是出自收入不高的家庭，孩子为了读私大，只好申请助学贷款。但是，在这些大学读书，又磨不出真正的一技之长，因为他们根本不是做学问的料，大学四年，不少人几乎都在浪费时间，只等着混文凭。

"最令人痛心的是，家里已经没钱了，需要他们毕业后赶快赚钱，但他们一毕业却找不到好的工作，还要先去想办法偿还助学贷款，更是雪上加霜！

"我真的看到很多家庭太辛苦了，而孩子毕业后找不到适合的工作，还有

的孩子窝在家里变成了宅男宅女，而成为家庭问题！这种恶性循环何时了？"

我想，如果把经费用在职业学校，把这些孩子真正的兴趣、潜能对准产业所需，激发并训练他们的技能，在社会必定大有用处。不仅孩子能真正认清自己的方向与定位，毕业后能真正投入职场，更无须在艰困的大环境下，还没找到工作，就先得拱手还债和艰辛度日。

广设大学造成大学人数大量增加，大学文凭可不再是工作保证，反倒让孩子误以为自己必定具备专业能力而无法屈就。爸爸妈妈们，真正爱孩子，就真得想清楚适合孩子的路！

2.人找不到事，事找不到人，学历真无用？

再者，还有一个非常矛盾的现象。

尽管有大学文凭者至少有5％的人找不到工作，但是有的产业却疾呼缺少20万的。"人找不到事，事找不到人"的原因是什么？答案就是产学落差：学校培育的人才与产业所需的人才不符。

我认为会造成这种现象的原因有：

一、技职教育走调

过去技职教育的目的就是培养有实操能力的技术人才，学生毕业后就能立即上线，满足市场的人力需求；但是现在高职办学的目的也为了迎合市场，特别是家长的期望就是升学，和高中办学的目的几乎相同，高职的升学率已达八成，把很多时间都花费在升学之上，学生毕业后，不是先着眼于升学，就是操作能力根本不足。

比如，不少机械科系念到硕博了都还看不懂设计图，电机系却没摸过马达，这让很多公司都找不到适用可靠的人才。

二、观光餐饮设计过剩，工科缩减

工科需要投入资金添购设备，学校基于成本考虑，不愿开设成本过高的科系，因此，近二十年新设立的大学，很少设立与机械相关的科系。比如，某科技公司开出月薪1.3万给工程领域的博士生，甚至保障毕业后年薪32万，但却找不到人才。

为了迎合现代学生大众的口味，学校反而不断增设设备门槛较低的餐饮观光科系、设计科系等，但是这些领域的人才早就供过于求，每年都有四分之三的餐饮科系学生会转行，三分之二的观光科系学生转业。

三、科技时代来临，教育赶不上产业创新需求。

网络科技、AI人工智能时代来临，但学校的教育计划却赶不上变化，所教授的内容与科技产业界的需求有落差，计算机人才、大数据人才与新型商业管理人才都不足。

3.放对位置，就是人才

关于"学历贬值""学用落差"的问题，当然有待政府大刀阔斧让绩效不佳的大学陆续退场，并且要有计划地把有实际经验的老师引进技职领域，鼓励有效能的产学合作。

但是，最重要的仍在于家长的观念。这个世界绝不可能人人都喜欢研究学问、都适合念书，如果人人都是毕业于台清交，这个需要三百六十行才能撑起来的世界必定无法运转。一张不怎么漂亮的大学文凭更可能误导年轻人自以为拥有高学历，因此既无法屈就，又拿不出实质的工作能力，而为了这张文凭，却可能延误了四年才开始探索自己、思考人生。

父母真的要张大眼睛好好认清自己的孩子，面对学业表现平凡，甚至落在后段的孩子，请用八字诀"接受、面对、处理、放下"来响应：真心"接受"孩子与生俱来的兴趣、诚实"面对"孩子真实的样貌；然后针对孩子的特质，好好"处理"（或引导）他们对应到职业现实中可以发展一技之长的领域，并激励他们持续努力、累积实力；最后，只有孩子找到自我生存的路径，父母才可能"放下"心中的重担。

"放对位置，就是精英"，只要找到自己的路，愿意持续装备自己，最终都会发现，经历与实力能完全战胜学历。

努力，会在最适当的时候开花结果

一位好友的孩子求学之路非常顺利，一路名校，但是毕了业之后的起薪也只比25 k多上几个k。他更爆料，不少同学的境遇也和她差不多，大家都觉得一路辛苦地拼成绩、进名校，性价比实在太低。

"不管来自什么学校，其实大家都差不多——差不多的'低'啊，那我当初那么用功拼好学校到底是为什么？"他无奈地问我。

在低薪困境中，难道年轻人就该放弃努力？我回答眼前优秀的年轻人："你不能否认的是，正因为之前的努力，你才握有一张比别人更容易被看见的'入门券'，不是吗？而这一路走下来，你可能累积了连你自己都浑然不觉的扎实基础，比如语言能力、逻辑分析能力、判断力、专业知识等，这些能让你接下来走得更省力、更顺、更稳！"

我再把孩子的眼光带到二三十年之后："评判一个人成功与否，绝对不是现在，请试想一下50岁的你会是什么样子？现在你的薪水是22 k，但是一个人若坚持努力、持续成长，到四五十岁时绝对不止于此！但若是徒有门票却停滞不前，没有门票的人也可能迎头赶上，这差别就在于是否'持续装备自己'！"

曾有项调查指出，企业界高级主管认为八年级社会新鲜人有很棒的优势，如外语能力、数位能力和创新力；但是专业技能、团队合作、抗压力则较差，年轻人在抱怨低薪的同时，更需要学会谦卑，面对弱项。

大环境差，即使把刀架在老板脖子上，他们也不可能大幅度提高薪资，不如面对现实，认真地从基层一步步累积专业的技能，在团队中让自己具备圆熟的沟通技巧，增加弹性与抗压性，更要有计划地拓展人脉。最重要的是，不要自我设限，"跨领域人才"将会比别人更有竞争力。

第五节　再谈考试：找到适者生存的法则，勇敢做自己 定义的赢家

考试制度是不可能消失的，有评比，就会有赢家和输家。亲爱的爸妈，让我们都学会以最适合的方式陪着自己的宝贝，在现行教育体制下摸索出最适合的生存法则，勇敢地做自己定义的赢家！

这本书我一开头就从考试谈起，最后我再回来谈谈这个学生永远必须面对的——考试。

1.填鸭式教育大翻转

走笔至此，适逢咱家二小子考完初中会考，我看到各大媒体对这次会考考题的评价都是"难易适中"，有些科目的评价甚至是"中等偏易"，于是好奇

地翻看各科考题，一看才发现，我觉得科科都不容易啊，但为什么教育界、媒体都一致认为考题难易适中？

不少题干的文字叙述相当冗长，考验着学生的阅读速度、耐性与理解力；而每一个题目都是一个活生生的生活情境，都需要考生冷静阅读、分析信息的能力，将所学原理恰当地运用在真实的生活情境中。

这和三十多年前我的高中联考经验大不相同。过去我们的考题多半平铺直叙，每一题的叙述不超过三行，不少内容是评量我们有没有将课本的信息牢牢记住。我还记得以前的考题甚至有叙述和课本上分毫不差的填空题，然后空出关键的信息让考生填写，因此考生的努力方向很单纯，就是一遍又一遍地背诵，能记得愈牢，分数就能拿得愈高，所以用填鸭式的教育就能硬逼出高分。

在过去信息缺乏的时代，信息和知识本身就是价值，因此，成功的教育就是尽可能让孩子吸满各式各样的知识；精英分子，就是大脑如海绵般比别人装下更多、更满的各类信息；考试的目的，就是测试孩子是否将知识塞进了大脑。

然而，在这个信息爆炸的时代，信息不仅人人可以取得，而且增加的速度根本是人脑无法追赶的。如何在庞杂的信息流里将之判读与分析，并转化成可以实际运用的知识与技能，才是评价的重点。

2.越来越活用的命题方式

现在学校为求生存，在各方压力之下实难摆脱"为考试而教、为分数而战"的现实。然而，现在的大考一年比一年更加体现"十二年教育新课纲"

的实作精神，这势必将强烈地刺激仍以旧思维教学的各教学现场，不得不去思考如何改弦更张以调整教学的方向、教学的方法。

就我个人的观察，以下是近年来考试命题的趋向：

·贴近真实生活情境，评量解决生活问题的能力。

近年来考题的设计都倾向取材于生活情境，考验着孩子如何处理生活中的真实问题。

比如年初中会考首次出现以"三格漫画"来叙述买饮料的代数推理题、用"村长的选举情境"来考"代数问题"、以电车车厢的相遇考"概率问题"、用篮球队员的身高来考"统计问题"、用超市买棒棒糖的情境来考"不等式"。所有题目绝不含繁复的计算，但情境的设计都是一般人的真实生活，考生要能够清楚判断需要应用什么原理来作为解题依据，这考验着学生"解决问题"的能力。

此外，近年来也出现愈来愈多动手操作、实验类型的考题，虽然是纸笔测验，但却是描述"动态操作"的情境，考生要能够在脑海里建构出具体的画面，或是根据叙述，在纸上建构实验的过程，才可能解决问题。

比如2017年初中会考的数学选择题就考了三四题的"动态操作题"，如从折纸、搬动的过程来出考题，体现"动手做"的精神。

·快速掌握重点与图像式阅读。

根据台师大心测中心的统计，初中会考的语文、数学、英语、社会、自然五科题目加起来的总字数约达三万字，每一科考题的题干叙述都不短，考生不仅要有耐性读完题目，并且必须在短时间之内快速读懂题目，立即抓到重点、找到脉络。

而在图像化的时代，还特别需要学生具备分析图表的能力，因此现在的大考，图表题都占了一半以上。初中会考甚至连作文的命题都出现以图表来呈现，比如作文题目"在这样的传统习俗里，我看见……"，就要考生先阅读一个有关传统习俗的图表，才可能厘清题旨，进一步论述自己的所见所闻与观感。

· 着重跨领域与整合的能力。

从这几年大考中可以看出，每一领域的考题不再仅限于"单科"或是"单一观念"，而是加入了跨领域、整合相关概念的综合性考题。比如在语文里出现了科普与数理的内容，而数理考题却考验着人文的素养。

像是语文有一道题目是："天底下没有一个人从不羡慕别人，只有少数人从没被别人羡慕过"，要考生选出最适合代表这句话的统计图表，就是考验学生"文转图"、将"感性描述"转为"理性表述"的能力。

虽然出题的方向与考题的设计不断演进，但为求公平，请认清一个不变的现实：考试制度是不可能消失的。有评比，就有高下，有高下，就有赢家和输家！亲爱的爸妈，读完此书，让我们都能学会以最适合的方式陪着自己的宝贝，在现行教育体制下摸索出最适合的生存法则，勇敢做自己定义的赢家！

从"背不动的书包",到"带着走的能力"

从大考命题的趋势,我们可以看到在跌跌撞撞中进行的教改一直有一个非常清楚的核心目标,就是培养孩子自主学习、思辨分析与解决问题等"带着走的能力",而非堆积满腹知识的"背不动的书包"。

到底考试能不能评定出学生真正的能力?以目前命题的变革,似乎能看出大考期盼真正发挥评选"有用能力"的企图心。

既然考试是一个不变的存在,我们就要努力让考试成为有效的评选,有用的机制,减少学生浪费宝贵时光于琐碎的知识记忆或重复练习,让他们走过的考试之路尽量成为值得的投资。试怎么考,题怎么出,根据世界需要的人才,势必会一年接一年地不断变革。

如今,互联网、大数据、人工智能、机器人等新知识一波又一波,变化相当快速,有太多能力是"传统纸笔测验"根本无法测知的。因此,未来大学的招生方案已经定案,50%的成绩要以学生的学习历程为依据,这包含了学生的在校成绩、选修表现、社团经验、干部历练、相关领域的学习经验等,这些能力反映出一个人在分数追求之外的各项能力表现:如对相关领域的追求热忱、沟通能力、互助合作能力、领导力、数字能力、科技能力、口语表达能力、创造力等,而这些能力是更具决定性的竞争力!

我的孩子都不属于尖子生，都在求学中一路跌跌撞撞，但我告诉自己，我有责任先站稳脚步，领着他们拿出勇气，正面迎向考试制度，以磨炼出扎实的学习态度，但我和千千万万的父母一样，还有更重要的责任——不断提醒自己要"看到分数以外的孩子"！

虽然没人能摆脱分数的桎梏，但若是"只在乎成绩""只亮出分数"，在未来升学机制中绝对不是优等生存者。有远见的父母，请运用智能看到"比分数更重要的事"！

附录：本书出现的相关词语解释

1.繁星计划

自1954年以来，台湾大学入学制度一直采用"统一考试、统一分发"的招生方式，也就是大学联合招生考试制度，称为"联考"随着政治民主、社会多元的长足发展，联考所带来的"一试定终身"及"分数主义"等弊端受到了社会各界的诟病，成为台湾地区教育改革的众矢之的，在不断兴起的教改运动中，联考制度逐渐隐入了台湾地区大学入学制度的历史，被2002年起开始实施的"大学多元入学新方案"所取代，并在2004年实施"大学多元入学改进方案"，这个方案以"甄选入学"与"考试分发"为主要升学方式，在公正、公平、公开的原则上优化"多元"、"适性"等理念，为考生升学增添了机会、拓宽了渠道。

但是，即使这样，台湾的"明星大学"在招生方面仍存在相当大的地域差异，其学生主要来源于教育条件优越的"明星高中"，这使得原来就教育资源匮乏、教育机会有限的偏乡高中处于更加不利的境地，弱势地区学生的发展与成长也受到了限制。而且，学生来源的集中化无法丰富高校文化，难以促进社会融合[1]。基于此，秉持教育均衡发展理念的"繁星计划"便应运而生。这项计划以高中向高校推荐优秀学生为主要方式，结合学生在校成绩百分比和大学统考成绩评测标准，省去面试等其他程序。该计划为偏乡高中考生提供了更多的入学机会，也有利于偏乡高中变为"明星高中"，使高中学生有机会成为"明星"，"繁星"二字由此而来。

2. 台湾"学测"的成绩采用级分制。各大学录取时自定个考试科目要求的成绩标准，一般分为五个。即顶标：成绩位于第88百分位数的考生级分；前标：成绩位于第75百分位数的考生级分；均标：成绩位于第50百分位数的考生级分；后标：成绩位于第25百分位数的考生级分；底标：成绩位于第12百分位数的考生级分。

3. "十二年国民基本教育"是台湾的一项教育政策，旨在将现行的九年国教延长至十二年，其中后三年采取非义务性就读方式，自愿但不强迫入学。

内容来源：《对台湾地区 "繁星计划"的分析与思考》作者：马金娈

4. 建中：全称：台北市立建国高级中学，简称建国中学、建中，是台湾最有名望的高级中学之一。创校于1898年，是台湾最早设立的公立中学。

5. 北一女：全称：台北市立第一女子高级中学，简称北一女、北一女中、北一、或一女中，是一所位于台北市中正区的高级中学，是台北市的明星高中，与台北市立建国高级中学并称台湾最好的高中学校。北一女中以培养各领域女性精英的重镇而驰誉全台湾、乃至海外华人社会。该校以考试或申请为主的入学门槛极高，学生平均素质为中学基本学力测验前1%(PR值=99)的优秀国中学毕业生。

6. 台清交成政台科北科：分别指台湾大学、台湾清华大学、台湾交通大学、成功大学、政治大学、台湾科技大学、台北科技大学。

7. 推甄：推荐并审查甄选，是一种招收录取学生或其他人才的方式。以台湾，除联考外，还通过"推甄"的方式录取少量学业成绩优异或具有特殊才能的学生（包括本科生和研究生）。操作的办法是：先由学生就读的学校依据学生的表现公开甄选并向学生申报的学校推荐，后由招收的学校进行资料审查和面试，合格者便取得入学资格。大体情况跟大陆的"保送"相似。除推荐甄选学生外，"推甄"不能可用于选拔其他人才。

8. 3C：指计算机（Computer）、通信（Communication）、消费类电子产品（Consumer Electronics），也称"信息家电"。

9. 会考："会考"大抵相当于大陆的"中考"。自从2014年台湾开始实施免试入学制度后，原则上台湾的初中生可以自由选择高中或高职，免试入学。不过当希望就读特定一所高中/高职的学生超过该校核定的可招收人数时，仍需要进行"超额比序"。会考就是超额比序的一部分。通常，会考在每年5月中旬统一举办，考试科目为"国文"（语文）、英语、数学、社会、自然及写作测验。

10.安杰拉·达克沃思（Angela Duckworth）：

曾作为美国国家科学基金会研究员获得宾夕法尼亚大学的博士学位，目前为宾夕法尼亚大学心理学副教授。她于2013年荣获美国麦克阿瑟学者奖。

2013年，达克沃思进行了名为"坚毅：释放激情与坚持的力量"的TED演讲，并获得了全球各界人士的关注。截至目前，其点击量已超过1000万。

此外，她也是非营利性组织"性格实验室"（the Character Lab）的联合创始人，此机构旨在发展、宣传并支持提高学生成绩及心理健康的干预项目。

11. 隆·克拉克：28岁时荣获"全美最佳教师奖"。他教过的学生都来自己最贫困的家庭，学校的资源也不丰富。但他只要被他教过的学生，成绩一定会突飞猛进，而且会变得彬彬有礼。著有《优秀是教出来的》一书。